如何说客户才会听

如何做客户才会买

刘金来◎编著

国家一级出版社 中国纺织出版社 全国百佳图书出版单位

内 容 提 要

销售是一项伟大的事业，但做好销售事业并非易事，销售就是做细节，察言、观色、贴心，一句话说好了，一个举动做对了，就可以把任何东西卖给任何人。所以，“如何说，顾客才会听；如何做，顾客才会买”是销售中最为核心的问题。

全书从实用性角度出发，分为上、下两篇。上篇阐述了销售员要“如何说”，下篇阐述了销售员要“如何做”，为刚刚进入销售行业和正在从事销售工作的朋友提供了切实可行的具体方法，从而帮助我们更好地从事销售工作。

图书在版编目（CIP）数据

如何说客户才会听，如何做客户才会买 / 刘金来编著
--北京：中国纺织出版社，2017.8 （2017.10重印）
ISBN 978-7-5180-3847-3

Ⅰ.①如… Ⅱ.①刘… Ⅲ.①销售—方法
Ⅳ.①F713.3

中国版本图书馆CIP数据核字（2017）第173622号

责任编辑：闫 星　　特约编辑：王佳新　　责任印制：储志伟

中国纺织出版社出版发行
地址：北京市朝阳区百子湾东里A407号楼　邮政编码：100124
销售电话：010—67004422　传真：010—87155801
http：//www.c-textilep.com
E-mail：faxing@c-textilep.com
中国纺织出版社天猫旗舰店
官方微博http://weibo.com/2119887771
三河市延风印装有限公司印刷　各地新华书店经销
2017年8月第1版　2017年10月第2次印刷
开本：710×1000　1/16　印张：15
字数：212千字　定价：36.80元

前言

当今社会，随着市场经济的繁荣和人们生活水平的提高，销售成为一个热门行业，而同时，销售也成为竞争尤为激烈的行业，这也给销售员的工作带来了很大的挑战。

那么，那些销售成绩总是不尽如人意的销售员，你是否想过：同样是销售人员，销售产品相同，为什么他人生意兴隆，而你却总是卖不出去或者很难卖出去产品？是产品的问题吗？不是，因为客户明明购买了你的同事或者竞争对手的产品。是你不够勤奋吗？不是，你常常走街串巷，甚至没有放过一个可能做成的生意。是你的服务态度不好？也不是，你热情对待每一个客户，那么，你业绩不佳的原因到底是什么？可能现在的你需要认真反省一下自己的专业技能了。

事实上，任何一位销售人员，在从事这一行业之前，都或多或少地进行过一些专业的学习或培训。然而，我们常常看到在销售中因一句话或者一个小小的动作而毁了一笔业务的现象，实际上，这就是因为我们没有在销售中“说到位”和“做到位”的原因。

其实，所谓的销售工作并不难，说到底都一样，无非是把货卖出去，把钱拿回来。只要善于运用一些本领发掘出客户的潜在需求，然后进行有针对性的推介，满足客户的心理需求。这一连串的工作做到位了，你就能成为可以把任何东西卖给任何人的天才销售员。

而在这一连串的工作中，“会说”与“会做”是销售员的两项基本功。会说

赞美话、专业话、巧妙话，天下没有难做的生意，熟悉产品、服务到位、咬牙坚持，那你就是销售高手。

我们都知道，销售就是靠嘴吃饭的行业，也就是说，销售员业绩的好坏，很多时候是其说话能力的出色与否决定的，可能一些销售会说：“我的口才挺好的啊，在为顾客推介产品的过程中，总能对答如流，毫无破绽。为什么这些顾客就是不买呢？”在这里，我们可能忽略了，说服顾客购买，并不是我们单方面滔滔不绝地诉说，而是要打动客户，只有打动客户，客户才会心甘情愿地购买。

然而，打动客户并非易事，口才固然重要，但销售绝对不是只靠卖弄口才就能获得财富的行业，我们需要掌握专业的销售知识，以诚心、责任心和关心来打动客户，以维护好客户关系，才能达成所愿，财源滚滚。

那么，到底如何在“说”和“做”两方面做到位呢？其实，任何能力都是不断锻炼出来的，销售技能也是训练出来的，是一分天才、九分努力的结果。

本书正是从销售中的“说”和“做”两个方面出发，从销售中如何开场、打开销售局面到如何化解客户的异议、拒绝，再到讨价还价、促成成交等几个方面来写，方法简单实用，可供参考。本书是众多销售高手的销售经验的总结，阅读本书，相信会使你对销售工作有一个新的理解，进而助你成为一个成功的销售人员。

编著者

2017年1月

目录

上篇　如何说顾客才会听

下篇　如何做顾客才会买

上篇

如何说顾客才会听

第1章　诚信第一，言语间展露真诚，让客户愿意接纳和听你说话

我们都知道，在与客户沟通的过程中，客户只有愿意听我们所说的话，才有可能成交，而要做到这一点，首先需要让客户信任我们，信任的建立是销售中最难建立且最为重要的一关，客户只有信任销售员，才愿意花钱购买产品，没有信任，交易无从谈起。所以，销售人员在与客户沟通的过程中，要把诚信放在第一位，让客户看到你的真诚，进而接纳和购买你的产品。

销售员推介产品的话要靠谱

我们都知道，在销售过程中，推介产品是必不可少的环节，为了让客户购买产品，销售员需要展现产品的优点，然而，即便如此，我们说话也要注意分寸，不可过分夸赞，因为一旦你的承诺与客户所看到的实际效果差距大，就会认为你在说谎，进而对你的产品、人品都会打折扣。因此，销售员一定要记住，推介产品的话一定要靠谱。

秋燕是一家化妆品公司的销售员。一次，她去拜访一位公司的部门经理刘小姐，向她推销一款新上市的祛斑产品。

"刘经理，您好，我是秋雁，我前几天给你打过电话，向您介绍过祛斑产品。当时，你说过两天再说，今天正是两天后的那一天。所以，我想问您一下，您今天考虑好了吗？"

哪知对方仍旧说："没有，当时我只是说说而已。"

这时秋燕说：“祛斑产品是越早使用越好，不然等年纪大了，祛斑难度就大了。我建议您不用考虑了。”

“不用，我现在收入不稳定，还没有足够的闲钱买你那一套昂贵的产品。”

秋燕又说：“我们的产品虽然昂贵，但绝对能保证你使用后，让你回到二十岁，而且，绝不会复发，无论是痘痘还是雀斑！”

“哪有你说的那么神啊，我又不是小孩子，相信你这一套，算了，我还有事，你回吧！”

秋燕推销失败的原因在于她过分夸大了产品的功用，从而让客户反感。每个销售员在推销产品的过程中，最重要的莫过于向客户介绍产品，很多销售员为了能让客户购买产品，什么方法都采用，甚至不惜夸张产品的功用和性能，将产品说得天花乱坠。有些客户便轻信了销售员的说辞，购买产品后，却又发现，实际上产品并没有销售员吹嘘的那么好，于是，他们再也不购买这个销售员的产品了。也有一些客户，比较理智，他们对那些将产品说的天花乱坠的销售员会心生反感，根本不予理睬，销售活动也因此终止。

那么，在向客户介绍产品的优势时，为了避免过分夸大产品功效，销售员需注意些什么呢?

1.介绍产品要客观、中肯

万事万物，皆有优缺点，人类制造的各种产品也是这样。博恩·崔西曾说过：“道尽优点，也不如说暴露一点点，如此才更真实。”销售员在向客户推介产品的时候，在表述上要尽量客观，这样不但能突出产品的卖点，也能让客户更容易接受。

一个销售员说：“前几天，相信大家都看了那一则新闻，有个年轻的妈妈，买了便宜的奶粉，结果孩子喝了这种劣质奶粉，几天都在腹泻，想想真是得不偿失。而我们公司的奶粉都是经过国家很多部门审核的，在质量上绝对可以放心，虽然价格贵些，但它绝对安全，虽说多花些钱，但买着放心。”

这位销售员在进行产品介绍的时候，采取的是对比的方式，但是毫无夸张的成分，她客观地为客户表达了自己销售的产品的优点，让客户觉得中肯、信任，这样客户会觉得这位销售员是诚实的人，客户也更容易接受。

2.着重介绍产品的卖点和益处

客户购买产品，都是为了能给自己带来某种好处和利益，要么是价格上的，要么是产品的性能，要么是售后服务上的，对此，销售员要根据客户的需求，着力介绍产品的卖点和能给客户带来的益处。在与客户交谈中，下边这些句子，要经常用到：

“这台空调是静音的，不会影响您的睡眠……”

“这辆汽车尽显您尊贵的身份和气质……”

“这件皮衣是我们店最新上架的，只有三件，你穿上它会更加时尚、引人注意、光彩夺目，也会让别人觉得你更有品位……”

“您放心，无论您的汽车在什么样的道路上行驶，这轮胎绝对会让您安全行驶……”

3.切忌无中生有，欺骗客户

客户既然选择买你的产品，一般情况下，都是做了一定的功课的，多少对你的产品有些了解，如果你在推介产品中说大话，很有可能让客户觉得你不值得信任，更别说购买你的产品了。比如，

“只要您安装我们的安全座椅，你驾车时就一路平安了……”

“只要您喝了这个减肥茶，我保证您十天内减掉二十斤……”

“我们这款纯中药制剂，能治愈各种疾病……”

以上这些销售表述，客户一听就知道销售人员是在胡编乱造。此时，有的客户会选择与你争辩，有的甚至直接拒绝你的推销，而无论哪种情况，无异于将销售终止。所以，销售人员在介绍产品时，要做到真实可靠，千万不能无中生有，失去信誉。

4.介绍客户所需要的关键点

有些产品本身有很多益处，但客户不一定会最终完成购买，因为客户根本不

需要这些优点。因此，销售员在介绍产品前，最好对客户的需求有一定的了解，然后针对客户的需求介绍，这才会打动客户，让客户产生购买欲望。

为此，销售员可以采取试探的办法，比如你可以首先提出产品的众多“关键点”，如果客户提出反对意见，这说明此项优点不是客户所需要的“关键点”，而如果没有反对，则是默认，因为如果客户知道了这个产品的优势正是他所需求的，就算产品存在着缺点，客户还是可以接受的。

总之，销售员在向客户介绍产品的优点时，要从实际出发，切忌过分夸大产品的优点，这不仅是销售员的重要口才技巧，也是销售员的基本素养。

在语气中体现你的真诚

有人说，销售是一场斗智斗勇的活动，自始至终，销售员都在与客户打心理战，销售员只有做到让客户愿意听我们说话，才有可能将产品推销出去，而我们都知道，客户都希望为自己推荐产品的销售人员是个真诚、有责任心的人，因为即便是销售员自己，在购买产品的时候，也有这样的心理：购买安全放心的产品。从这一点出发，销售人员在与客户沟通的过程中，一定要尽量让客户有安全感，客户也才会放心购买。

琳达是一家防盗锁公司的推销人员，在公司，她的销售业绩一直很好，同事们经常向她请教经验，琳达就说：“要真诚对待客户，对客户知冷知热，真正把客户当朋友。”琳达是这么说的，也是这么做的。

有一次，琳达听说她曾经拜访的一位客户家遭窃了，是夜里撬了锁进去的，家里的首饰、现金都被人偷了，而且被翻得乱七八糟。琳达之前劝说过让她购买防盗锁，但是这位客户说没必要，琳达也就没有强求。

在得知这一消息后，琳达第一时间赶到了客户家中，一见面她就问道："人没事儿吧。"

然后又问："损失大不大？报警了吗？"

第三句是："都怪我不好，上次如果坚持让你买防盗锁，就不会出这档子事儿了。"

第四句话是："遇到这样的事，我很着急，也非常心痛，我会尽我所能为您提供帮助。"

虽然只是短短的几句话，但是客户非常感动，在接下来的几天里，琳达有时间就去看这位客户，而且还陪客户去警察局备案，后来，这位客户主动找琳达，让琳达为她安装防盗锁。

这一案例中的琳达是一位非常出色的销售员，面对客户遭窃这一情况，她第一时间赶到，而且急客户之所以急，表达了自己的同理心，让客户看到了她的责任心，进而愿意购买她的产品。

从这一销售案例中，我们应当有所启示，在销售过程中，展现强烈的真诚是让客户接纳和愿意听我们说话的前提，那么，我们该怎样向客户表露真诚？对此，我们可以掌握以下几点策略：

1.心理置换，多从客户的角度说话

人与人之间的情感要想达到一种共鸣，就必须要做到倾听，然后认同，唯有认同，才能拉近人与人之间的距离，才能成功催眠对方，达成目的。

销售中，销售人员要表现出从对方的立场出发，认同客户的感受，站在双方共同的利益上客观地审视双方面临的问题，然后和客户协商，达成交易。认同客户的异议，这是成功催眠客户的开始。

2.多提产品优点，让客户看到利益和实惠

这种方法的好处就是通过强调推销品带给客户的利益和实惠，来化解对方在价格上提出的不同意见。

比如，如果销售人员推销的是生产类用品，比如生产机械，那么，在推介时，销售员就要着重介绍产品能耗低、生产效率高、维修费用低等这些优势，以此来打消客户对于产品价格贵的顾虑。因为以上这几个方面都是机械类客户在采购产品过程中需要考虑的重要因素，因此，从客户关心的要求开始推销，更易打动客户。

3.分析产品的优势所在

“我们一直都在报纸上刊登广告，我们还是比较满意目前的这家报纸，不瞒你说，你们这个版面收费太高。”

“张经理，您是知道的，同行业都是这个标准，而且我们报纸的发行量也是非常大的。您在其他小报上做几个广告，那些小报合起来的发行量还不如我们一家报纸，但费用却高多了，您说是不是？”

4.真正关心客户的利益，让客户体谅你的用心

我们想让客户满意，进而让其购买，就不要为了推销而推销，而要真正用你的关心催眠、打动对方，并从这一点出发，充分挖掘客户的购买需求甚至是隐藏的需求，并努力降低顾客需求中的成本耗费，从而最终使产品符合并超越顾客期望。

为此，我们一定要站在客户的角度进行推销，并且，做到让客户对每一个细节都满意，只有让客户感受到我们发自内心的真诚，他们才会信任我们，进而提升对产品和服务的忠诚度。比如，我们可以这样告诉客户：“我觉得这款贵的××反倒不适合您，您没必要花那么多钱买它。”而当客户体谅到你的用心后，也会更加信任你，并把周围的朋友介绍给你。

总之，客户都希望购买放心的产品，并且购买产品的售后有保障，也更欣赏那些有责任心的销售人员，因此，向客户展现我们的真诚尤为重要。

耐心解答，让客户看到你真诚的态度

任何一名销售员都知道，销售的最终目的是将产品推销出去，销售员始终要记住，卖出产品是最终目的，而目的的实现与否就看客户的情绪。作为销售员，只有保持始终如一的良好态度，才能稳住客户。所谓耐心是销售员素质最好的表现，柏拉图说："耐心是一切聪明才智的基础。"在任何时候，保持足够的耐心总会给人们带来意想不到的好结果，在销售领域中，耐心的作用就更加重要。懂得在销售过程中始终保持耐心的销售员，也往往能获得更好的销售业绩，因为始终如一的耐心能够打动任何一位客户的心。所以，在销售过程中，面对客户的任何疑问，销售员都要耐心解答，只有让客户看到你真诚的态度，他们才会愿意购买。

客户："你们店里的灯光怎么这么暗呢，这些包包摆在这里都看不清楚。这款多少钱？"（指着一款女士皮包）

销售员："499元。这是我们今年推出的新款，这两天刚刚到货。"（微笑）

客户："499元？也太贵了，都没有折扣活动吗？和你们同档次的牌子有好几个都打折了。"

销售员："是的。如果是我也会觉得有点贵。不过话说回来，如果您每天挎着它，您绝对会觉得物超所值。这款皮包集合了今年的最新时尚元素，款式新颖，面料也相当好。499元您绝对不会买贵。"

客户："这个面料是真皮的吗？摸起来感觉怪怪的，不会是假的吧？"

销售员："您放心，这绝对是纯皮的，我们是专卖店，不可能用假的来欺骗顾客，因为面料经过特殊处理，所以看起来和那种皮革有点不一样，但正是因为这样，这种皮今年特别流行。"

客户："包包拉链颜色和包包的颜色反差这么大，好像有点不搭。看起来显得有点奇怪。"

销售员："这是设计师的点睛之笔，也正是为了凸显这款包包的与众不同，您来试背一下就知道了。"

客户："好像是。你拿下来我挎着看看，不过不一定买。"

销售员："这款包包十分衬托您的气质。而且现代女性购买包包，已经不像上个年代为了实用，而是为了搭配衣服。我相信您挎上这款包包，再配上您这身衣服，一定很显品位与气质。"

客户："恩，是挺好的，我在XX品牌那里看中了一款，价格比你们便宜不少，也是今年的新款，但是感觉很普通。那就拿这款吧。如果包包有问题可以换吗？"

销售员："是的。这个您完全可以放心，您一周之内都是随时可以调换的。"

我们发现，情景中的客户可以说问题确实不少，对于销售员来说，面对话痨的客户，做到耐心是最为重要的。留住客户需要耐心，赢得客户需要技巧。即便顾客话再多，但是销售员一旦能掌握对话中的主动权，往往能获得销售的成功。

事实上，我们也发现，急功近利，行事冲动，是很多销售活动失败的重要原因。销售员一定要拿捏好销售中的各种分寸，要给足客户足够的思考时间，因为客户在做出买不买、买多少、何时买等购买决策时，都不是一时冲动，他们需要权衡各种客观因素，如产品特征、购买能力等，同时还要受到主观因素的影响，如心情好坏等。因此，做出购买决策是一个极其复杂的过程，并不是一蹴而就的。在这个时候，销售人员应该给顾客合理的考虑时间，并耐心等待顾客做出决定。

面对客户的推迟、拒绝，甚至刁难，销售员如果想做到不慌乱、不着急，就必须克服内心的消极心理，因为这些消极心理会直接导致销售员烦躁、不安。这对于实现销售没有任何益处，只会使其面临更多的问题。

在销售过程中，销售员应该如何展现自己的耐心呢?

1.心态平和，不骄不躁

俗话说得好，欲速则不达，在销售中也是一样。有时候，你越想给客户留下一个好印象，越想客户尽快购买，内心越急躁，就越是无法完美地表达自己的想法。但如果你心态平和，把与自己交谈的客户当成自己的朋友，肯定会轻松得多。

2.有恒心，能坚持

“有志者，事竟成，破釜沉舟，百二秦关终属楚；苦心人，天不负，卧薪尝胆，三千越甲可吞吴。”销售工作最需要的就是恒心和坚持，没有那么简单、容易的销售工作，都需要不断坚持。在遭到客户拒绝时，不要气馁，要给客户时间和机会来决定，然后利用自己的口才去打动他们。销售员在观察到客户有购买意向时，应立即抓住时机，然后一步一步让客户做出成交决定。

3.沉默是金，以静制动

俗话说：“沉默是金。”销售员在与客户交谈时也需要沉默，因为沉默会让客户觉得你实在为难，无法答应他的要求，这样以静制动，你会取得较多的利益。要知道，口若悬河并不是真正的口才。

“只要功夫深，铁杵磨成针”，这个道理每个人都知道。销售员成功推销产品也不是一蹴而就的，都会有被拒绝的时候。对于客户的任何问题，甚至是拒绝、刁难，销售员都应以一种平和的心去与客户沟通。

真诚地关心你的客户，让客户备受感动

在现代产品营销中，随着消费品市场的扩大和客户对产品知识的充盈，客户变得更加理性，但也有一些客户在购买产品的时候，更多考虑到的是感性因素。“动人心者，莫先乎情。”与冷冰冰的销售言辞相比，热情、细致的关怀有时更容易打动这些感性的客户。因此，作为推销员，我们与其煞费苦心地劝说客户购买产品，倒不如用温情来打动客户。但要做到这一点，还需要我们善于在推销工

作中讨巧煽情。

珍妮是一名优秀的房地产促销员，很多客户购买了她所推销的房子后，仍然与她保持着密切的联系，有的甚至还成为她的朋友，并帮她拉生意。她为什么能获得成功呢？

原来，珍妮在进行推销工作时，不只是单纯地向客户推销房子，而是“送温暖到家”，真诚地对待每一位顾客，帮助他们解决生活中的麻烦。比如，她会经常给自己的顾客打电话嘘寒问暖，定期到顾客家中拜访，询问他们房子的居住状况。如果出现什么问题，她会及时帮助顾客解决。此外，当顾客乔迁新居后，她还会准备一份精美的礼物登门拜访，安排新住户加入当地的居民俱乐部，帮助他们融入全新的生活环境中。珍妮的热情和细心让顾客们感动不已，于是，那些她服务过的顾客都会热心地把自己需要买房的亲戚朋友介绍给她。这样，珍妮的口碑越来越好，业务也就越来越兴旺。

人们在需要他人帮助的时候，是最容易被感动的，这就是为什么珍妮选择雪中送炭。当这些客户感激涕零后，与推销员珍妮的关系也由单纯的业务往来上升到朋友，自然也就愿意帮助她。可见，与人为善、营造温情的氛围是一种良好的催眠技巧，能帮助你敲开客户的心灵之窗。

我们都知道，在催眠式销售过程中，最重要的是对客户的引导，那么销售人员该怎样运用温情引导情感型客户呢？

1.不要急于谈生意

客户也是人，也会受情感的左右，尤其是那些感性的客户。所以，在接近客户之初，不要急于谈生意，先寻找共同感兴趣的话题。这样，在不做生意只谈朋友的前提之下，取得了和客户心灵的共通，赢得了相互之间的认同。“先做朋友，后做生意。”既然是客户的朋友了，那么对于客户来，说跟自己熟悉的朋友合作，自然要比跟陌生的人合作更放心了。只要做成了朋友，那么你的生意自然很快就谈成了。

2.理解客户的情感，说话时以情动人

销售员可以以朋友的心态来面对每一个客户，多站在客户角度想想，考虑一下客户的利益并倾听他们的想法。可能客户一次两次不能接受自己，只要我们是真诚的，就一定能打动对方，真心付出总会有收获的。

3.真正关心你的客户

（1）千万不要撒谎，谎言是致命的；

（1）珍惜客户的时间；

（3）在销售中，如果你对自己的产品介绍有误，就要大胆承认，否认只会让客户对你产生质疑，影响信任度；

（4）多为客户考虑，不仅要满足客户表面要求，更要为客户提供深层次的想法和意见；

（5）永远不要否定你的客户；

（6）理解你的客户，他是繁忙的，他的工作压力来自各个方面，还有很多生活中的烦恼；

（7）让你的客户感受到你的尊重，让他在同事或者上司面前有面子；

（8）要求深入地学习客户的业务；

（9）如果你对客户的业务不熟悉，就不要不懂装懂，对于不懂的问题，不妨直接提问，客户通常是喜欢与别人谈论他的业务的；

（10）保持热忱的态度，情绪不要激动，你要稳重、冷静地工作并有做生意的样子。

4.态度要诚恳

在与客户沟通的过程中，要让客户感到你是诚实的，客户是不愿意和一个虚伪狡诈的人沟通的。因此，销售人员说话一定要恰如其分，符合双方的身份，不然就会引起客户的反感。

5.关心客户身边的人

对于销售员来说，具有良好的亲和力是与客户融洽交谈的必然要素。想要在客户心中建立起亲切感，亲近客户身边的人是一个不错的方法。客户的亲戚朋友，尤其是孩子，真的是你大好的助手。在日常生活中，多研究儿童心理学，会对你的推销大有帮助。

在日本，家庭主妇们通常会在上午打扫卫生、洗衣服。如果有销售人员在这个时间段前来推销，她们是不会欢迎的，因为她们没时间接待。而有时间的时候一般是下午四点因为对于有婴儿的家庭来说，这正是孩子午睡的时候。

有个保险推销员叫川木，他推销保险的方式很特别，只要他看到某户人家晒着尿布，就不会轻易按门铃，而是先轻轻敲门，以示访问之意。当屋里的主妇出来开门时，他都会小声地告诉她："宝宝正在睡午觉吧？我是××公司的川木先生，不好意思，打扰了，四点多的时候，我会再来拜访一次。"然后轻轻地带上门。

任何母亲对这种细心的考虑都充满感激，不是立即邀请他进来坐，便是在他重新来访时面带笑容地迎接。反之，如果川木大摇大摆地冲进去，结果只能是被对方撵出去。

另外，我们一定要把话说得亲切、和蔼，这样才能使客户感到愉快，从而对销售人员产生信任。因此说，热情的语言也决定了热忱的态度。

真诚建议，为客户推荐最适合的产品

没有人永远在扮演同一个角色，就拿销售员来说，可能在生意场上是销售员，但在生活中也是客户，谁都希望买到称心如意的产品，谁都知道"只选对的，不选贵的"这个道理，那么我们的客户何尝不是这样想的呢？如果我们为了短期的销售业绩，给客户推荐最贵的产品，诱导客户购买大大超出需求或用不着的产品，完全不管产品是否符合客户的需求。那么，最终只能被客户埋怨，甚至还会断送客源和财路。

所以销售员应该清楚：对每一个客户都应该真诚建议，让客户信任我们。只有推荐最适合客户的产品，才能令他们真正满意，才会成为我们的忠实客户。

客户："我觉得那套中式的圆形餐桌不错，我爱人应该比较喜欢……"

销售员："请问您家的装修风格是怎样的？其他家具是以这种中式棕色为主吗？"

客户："主要是白色，我爱人说是北欧风，很清新。"

销售员："您看一下，我们这个区域主要是中式家具，搭配中式装修风格，而您家是北欧风。虽然中式家具更贵些，但是我还是建议您去那边专卖北欧家具的区域看看，北欧风更适合年轻人，而且价格也比刚才那套实惠很多。"

客户："你说得对，谢谢你的建议。"

情景中的销售员就是个优秀的销售员，虽说给客户推荐贵的家具所获利润更多，但是从客户角度考虑，他还是推荐了更适合客户的稍微便宜的家具，实在是难能可贵。这样的销售员不愁生意不好，因为他能为客户着想，当客户感受到切身利益被人关心后，自然会把销售员当成朋友，或许下次客户来购买产品的时候，就直接找这位销售员了。

那么在向客户推荐产品时，销售员具体应该如何做呢？

1. 提供真诚的建议

没有哪个销售员不愿意做高利润的生意。当遇到财大气粗的客户时，很多销售员会认为财神爷来了，就乐呵呵地宰上一把，把最贵、最好的产品都推荐给客户："当然是这种价格高的质量好了，一分价钱一分货嘛。价格贵，自然做工精细，技术含量高。这才是整个公司的重头戏，那些价格便宜的还不是为了搭配这些质量上乘的产品卖。"而那些真正优秀的销售员则会告诉客户如何选择适合自己的产品。所以，要成为一名出色的销售员，先要做一个有道德的人。

当客户对自己的需求比较模糊和不准确时，销售员要站在客户的立场上提供真诚且合适的建议。如果客户认为自己需要的某些产品或服务并不适合他们，而他们先前不看好的产品才真正可以满足其需求，那么推销员就应该根据客户实际需求在沟通中认真加以分析，然后提出最符合客户需求的建议。

2. 让客户有脸面

客户都有一定的购买能力，希望销售员可以给自己找一个台阶，从而可以在自己能够接受的价格范围内选择较好的产品，但有时候销售员的话语会让客户骑虎难下，最终有可能放弃购买。下面就是一个典型的例子：

虽然大部分商品的价格与质量是成正比的，价格越高，质量越好，但也不乏价廉物美的商品，况且，每个客户心中都有自己预定的价位和商品。对于那些可以称为富翁的客户，大多数东西都买最贵的，而对普通消费者来说，适合自己的就是最好的。

3. 重视客户的利益

销售虽说卖的是产品，但更重要的是说服客户，这不仅需要较好的语言技巧，还要掌握正确的原则：抓住客户的切身利益展开说服工作，即“站在别人的角度，说自己的话”。

每个人在与人沟通的时候，都会有自己的立场，如果与对方的立场相悖，就会形成沟通的对抗。聪明的销售员应该学会和客户站到同一个立场上，并从客户的角度出发思考问题。

一家高档礼服店来了两位女士，她们可能要参加一个比较重要的活动，所以要买两套高档的礼服。导购员立即将一套白色礼服取了下来，十分和气地把衣服递了过去。稍胖的女顾客穿上礼服后看着有点紧。可导购员不断地说：“真好看，很适合你的！”只见两位女顾客彼此看了一眼，然后试衣服的这位女顾客放下衣服就走了，什么都没说。

在这则案例中，导购员最大的错误就是一心只想把衣服推销出去而不顾及顾客的需求，结果适得其反。

伟大的销售员总是会在第一时间考虑客户的要求，一旦你掌握了这种方法，你的工作就能够更顺利地进行，并且你做成的不只是一笔生意，还赢得了一名忠实的客户，而忠实客户给你带来的利益是不可估量的。

第2章　谈生意前先暖场，拉近心理距离方能让客户听你说话

作为销售人员，我们都知道销售就是靠嘴吃饭，让客户接纳我们所说的是成功推销产品的前提，但在销售过程中，一些销售员说自己不会说话。这种观点是错误的，除了有语言障碍的哑巴，其他人都会说话。然而，在说服客户的过程中，我们发现，客户似乎总有先入为主的心理取向，会对产品和服务产生一些敌意或者对抗的情绪。这时候，如果我们能了解客户的心理并懂得如何拉近与客户的心理距离，做到在谈生意前先暖场的话，就能化解客户的敌意，让客户听我们说话。

投石问路，先谈谈客户感兴趣的话题

我们发现，那些成功的销售人员都有个共同的杀手锏，那就是他们善于沟通，懂得通过找到客户感兴趣的话题来破冰。任何一位销售员都免不了要与客户沟通，只有先找到令双方感兴趣的话题，才能打消客户的戒心，然后慢慢地寻找购买点，切入主题，这是与客户交往的一个正常的过程。如果销售员在与客户接触时，一言不发或者直奔主题，都是极其无礼而冒失的。相反，如果在拜访客户的过程中安排聊天的部分，可能会使宾主尽，进而减少双方的心理障碍。

小汪是某公司销售部门的主管，是个有十几年营销经验的销售精英。在整个部门的人看来，无论什么客户，只要是小汪出手都能搞定，所以很多销售新手们一旦遇到了难题，都来寻求主管的帮助。

一次，在新人培训的过程中，小汪亲自带着一位刚来的业务代表去拜访一家大公司的采购主任宋先生。

双方见面后，业务代表与宋先生之间的交易显得并不顺利，谈话也不是很畅快。经验丰富的小汪看出问题出在了双方交谈缺少某些“润滑剂”上。他灵机一动，突然想起在来的路上，业务代表对他说宋先生有一对双胞胎女儿，今年刚刚上小学，宋先生特别疼爱她们。于是，小汪就趁机与他聊起了女儿。

“听说宋先生有两个非常可爱的女儿，是吗？”

“是的。”宋先生脸上顿时流露出来一丝微笑。

“听说还是双胞胎，今年几岁了？”

“7岁了，这不已经上学了。我下班还要去接他们呢。”

“听说她们的舞蹈跳得特别棒。”

“是呀，前几天还代表学校参加全市的演出了呢。”

提起了女儿，宋先生的话就多了，聊了一会儿后，宋先生主动把话题引到了这次见面的业务上。

“其实，你们公司的产品……”

我们发现，案例中的小汪是个很善于与客户沟通的人。当他发现客户与业务代表之间的交谈不顺利时，他立即找出了能引导客户多说话的话题——客户的双胞胎女儿，进而慢慢消除了客户的心理障碍。如果在与宋先生交谈的不顺利的情况下，业务代表或者小汪依然坚持谈业务本身，那么过不了几分钟，宋先生就会下逐客令。但是，由于小汪抓住时机，巧妙地引入宋先生感兴趣的话题，便很容易地打破了谈话的僵局。

那么，在现实生活中有哪些话题可能会让客户感兴趣呢？

1.天气

天气是最好的聊天话题，中国人见面时也通常喜欢谈论天气。另外，以天气为话题与客户寒暄，因为不涉及利益关系，对方一般都愿意接茬儿。当然，除了把天气当话题之外，还可以当作关心对方的题材。但是，对于从事与天气有密切关系的行业的客户来说，谈论天气时一定要有所注意。比如，你与一位雨衣或者雨伞销售商寒暄时说："最近一点雨都没下，秋高气爽，天气简直太好了。"对方一定不会给你好脸色看。

2.新闻

最近的新闻也是你与客户聊天的好话题。新闻可以引起客户的好奇或共鸣，作为一名销售员，一定要多看报，因为报纸上有许多丰富的话题。推销员永远是和人打交道，而不是与电脑或其他机器打交道。聪明的推销员会审时度势，从对方意想不到的角度谈话，从而引起客户对产品的兴趣。

3.兴趣

人们通常都愿意聊及自己的兴趣，因此，兴趣也是你与客户聊天的一个好话题。与客户聊起兴趣时，必须与他同一步调，也就是说不要批评客户的嗜好。例如，不能说："哎呀，我觉得钓鱼不好，只有那些老头子才喜欢钓鱼。"而应该说："钓鱼不错，可以修身养性、陶冶情操，还能在大自然中呼吸新鲜空气，对身心都很好啊。"

当然，能带动谈话气氛的话题还有很多，这就需要我们事先了解客户，并在交谈中细心观察，学会与客户谈话。在客户谈得意犹未尽的情况下，往往会顺利进入推销阶段。

总之，商业上的成功之道不是刻意推销，而是打动人心。学会与客户聊聊他感兴趣的话题，赢得客户的好感，就为推销产品铺平了道路。

做客户的知己，让客户接纳你

在现实推销中，可能一些销售员会产生疑问：为什么客户总是把我当出气筒，总是向我倾诉不快？其实你应该庆幸，这代表你的客户已经开始信任你了，他的心扉已经向你敞开，希望得到你的回应和帮助。

此时，我们就需要把客户当成真正的朋友，与之交谈时千万不能带着强烈的目的性，不要每次见到客户都谈论推销，否则会给自己很大压力，感觉很不自然。如果把客户当作真心朋友相处，你会很轻松，在业务上更会有意外收获。因为，如果你单纯把自己与客户的关系保持在买卖上，你就会以产品为导向与客户交往。当把自己作为客户知心朋友时，你在和客户沟通中就会以客户需求为导向。这两种导向的不同，最终会决定你在事业上能走多远。

这天，化妆品推销员小林来到某准客户家，开门的是位年轻的太太。很明显，这位太太很不高兴，脸上还挂着没擦干的泪水，小林赶紧说：“太太，您怎么了，遇到什么伤心的事情了吗？”

客户：“没有，你是哪位，我不认识你！”

小林：“我是一名化妆品推销员，在敲开您的门之前，我是准备向您推销产品的。可是当我看到您一脸愁容，我觉得我有其他的使命了。”

客户：“真是很感激你，其实我没什么事。”

小林：“家家有本难念的经，我能理解。尤其是咱们女人，要操持好一个家，努力经营好一段婚姻，真不是一件容易的事。”

客户：“你说得太对了。我的丈夫就是一个永远不知足的男人，我这么努力地操持家里家外，他却一回来就跟我吵架，甚至连我做的饭都不吃，我都不知道该怎么办了。难道他喜欢上了别的女人？”

小林：“太太，我觉得您需要勇敢一点，要和您的丈夫谈谈，这样问题才能解决。不然即使您伤心，他也不知道啊。”

客户：“你说的有道理，我是该找个机会和他摊牌。对了，你刚说你推销化妆品，都是什么样的产品？”

……

当面对关系不紧密、甚至完全陌生的销售员时，这位太太即使“心有千千结”，也不愿向小林倾吐。而在小林以坦诚的态度道明原本的来意和对她的关心后，她对小林的防备稍微松懈了点。当小林谈到一个女人的难处时，更让她感同身受，于是，她的心就彻底向小林敞开了，也把小林当成了情感倾诉的对象，主动问及产品更是水到渠成的事。

具体来说，我们需要做到：

1.从情感上关心客户

山田正皓是日本销售界的能人，一次，在接受记者采访时，他说：“拜访客户，在你进门的时候，就要让客户感觉到很轻松而不是压抑，他们才会慢慢对你打开心扉，逐渐相信你，喜欢你。带着这一原则工作，我顺利签了很多单。或许你想使用一些技巧，但在这之前，你先要让客户感觉到轻松，让他们感觉到你是来帮助他们的，而不是来推销的。”

山田正皓在销售过程中总是竭尽全力地鼓励和关心客户，让客户感受到来自他的关心，从而把他当成知己。这对他的销售工作发挥了极大的推进作用，也正是这一点让他不但做成了生意，也结识了不少朋友。

2.体会客户的心情故事

一般来说，当客户心中不悦的时候，对于我们的推销会采取拒绝的态度。当你被客户拒绝的时候，首先想到的不应该是客户不通情理，而是客户可能遇到了什么不顺心的事，比如：孩子惹了祸、父母身体不好、被领导骂了……

从客户的角度体会客户的心情，这就是心理学上说的同理心。如果销售人员能以这样的心态与客户沟通，就会拉近与客户的心理距离，让客户接纳你。当客户把你当成知心人的时候，距离成功销售也就不远了。通常你以这样的心态和客户交流，客户会觉得你是个值得倾听心事的人，会把你当朋友看待。当客户对你倾诉越多，你离成交也就越近。

3.认真倾听，鼓励客户多说

如何让客户对我们掏心掏肺？这很简单，那就是不断鼓励他说的同时，要认真倾听。倾听时绝不可左顾右盼、心不在焉；要懂得反馈，向对方表明你对其情感的理解；可以适当地重复客户的话，以表明你正在认真听。

当然，如果客户存在某些我们能解决的难题，那就可以帮助他。因为行动比语言更有说服力，你的帮助会让他对你感激万分，成功推销也就不在话下！

用自己的经历打动顾客的心

作为推销员，我们都知道，在向客户推销的过程中，客户是心存芥蒂的，他们认为推销员多半是为了推销而推销，他们甚至吃过推销员的亏。因此，如果我们一味地向客户推销，有时不但不能打动客户，反而会加重客户的疑心。而如果我们能体会客户的情感，谈谈自己的经历，那么便能很快拉近与客户的心理距离。

一般来说，那些业绩好的销售员都拥有一项神奇的本事：他们非常容易获得客户的喜爱，让客户愿意信赖他们。的确，先做朋友后做生意，很多生意都是建立在友谊的基础上，我们都愿意从认识的人那里购买产品，因为那会让我们觉得放心。所以一个销售员是不是能够很快地同客户建立起很好的友情基础，与他的业绩具有绝对的关系。

推销大师乔·吉拉德有这样一次推销经历：

有一天，乔·吉拉德的车行里来了一对夫妇，乔立即迎出来接待他们。

“你们好，选中自己喜欢的车了吗？”在对方看了一会儿后，乔很热情而礼貌地上前询问道。

“你这里的车不错，不过我们还得考虑考虑。”

其实，当客户说出这句话的时候，乔已经判断出了客户的心理。于是，乔准备再试探一下。

“你们知道吗？我跟我太太也和你们两位一样。”

“一样，是吗？应该不会吧？”很明显，他们产生了兴趣。

乔接着说：“我们家每次在添置某些大件之前，我都要和太太谋划半天，常常是思虑再三，生怕买了不好的产品，花了冤枉钱，怕自己对产品了解得不够而上了推销员的当。也正因为我知道消费者在购买产品时有这一担心，我在做销售时，从不让我的客户感受到任何压迫，会给客户充分考虑的时间。说实话，如果不这样，我宁可不做生意。当然，请别误会，我真的很想同你们合作，但对我来说，更重要的是你们在离开时能够有一种好心情、好感觉。”

“先生，很高兴你能这么想，谁说不是呢？谁都希望买到放心的产品。不错，我们从来不会从那些企图强求的推销员那里购买任何东西。”那对夫妇说。

乔接着说：“讲得对，我很高兴听你们这样讲。我请求两位花点时间，好好想一想。要是需要我的话，请叫我一声，我随时恭候。”然后，乔就回到自己的办公室，静静地等待。

当然，乔知道“想一想”对他们来说不会仅仅是几分钟，而可能是好几天，但自己却不能放走这么好的机会。于是十多分钟后，乔回来，若无其事地对他们说：“我有一个好消息要告诉两位，我刚刚得知我们的服务部最迟今天下午就能把你们的车预备好。”

“我们想明天再来。”

“明天？”乔笑了笑，“今天能做的事最好不要拖到明天，如果你们确实拿不定主意的话，可以多方面考虑。我看两位都是利索的人，很快就会下决定的，对不对？”

其实，如果是真心购买的客户，今天买和明天买的确没什么区别，所以当乔利用“今日事，今日毕”的说辞营销时，也就顺理成章了。

夫妇二人的确当即拍板：“好吧，我们现在就买了。”

推脱是人的普遍特征，推销员在工作中会经常碰到这样的情况，如果缺乏技巧，那推销成功的机会就变得非常渺茫，而如果能像吉拉德这样巧妙的引导，就会有所斩获。

可见，在销售中注入情感，几乎可以帮你解决任何销售问题。运用这一方法，能让客户对你产生感情，进而喜欢你、信任你和接受你，在他开始依赖你的时候，自然也会接受你所销售的产品。可见，亲和力的建立，几乎是任何一个销售员在从事推销之前应该学习的内容。

那么，作为推销员，我们在推销的过程中，可以谈及自己的哪方面经历呢?

1. 和客户谈谈自己曾经被骗的经历

通常来说，我们在购买某些产品时，或多或少会因为粗心大意被一些巧舌如簧的推销员欺骗，而这些经历，我们的客户肯定也有过如果我们能将这些经历拿出来和客户分享，那么，不仅找到了共同话题，还能引起客户的共鸣，赢得客户的信任。

2. 与客户聊聊自己在销售过程中的“光荣事迹”

如果你告诉客户，你曾经帮助其他客户解决某些难题，或者做了某些好人好事等，那么这势必会让你的客户对你刮目相看，对你的信任度也会大大增加，但前提是你所说的每一个事迹都是真实的。

当然，推销员可以与客户分享的经历并不只有以上两种，凡是能起到打动客户的作用的经历，都可以拿来为我们所用！

掌握几种亲近客户的技巧

很多人都知道，追女孩子得用点心思，要让她感受到不同，她才愿意同你交往。接近客户又何尝不是这样呢？有人说：“销售就像谈恋爱。”的确，接近客户也只有用与众不同的方法，才能够获得成功。

销售员每天都要与不同的客户打交道，只有把与客户的关系处理好了，才有机会向客户推介你的产品，客户才有可能接受你的产品。因此，作为业务新手，首先要做的并不是急于推销，而是学会做人，不断培养自己的情商，拉近与客户的距离。

只有想办法接近客户，才能够想办法和客户达成交易，但接近客户是很有技巧的。有些推销员总是用千篇一律的方式作为接近客户的敲门砖："很抱歉，打扰你一下，我是某某公司的某某某……"大家想一下，客户一天要听多少类似的介绍，早就烦透了，哪里能够成功呢？我们来看看世界顶级销售员乔·吉拉德在接近客户方面的经验。

乔·吉拉德说，有人拿着100美元的东西，却连10美元都卖不掉，为什么？你看看他的表情。要推销出去自己，面部表情很重要。它既可以拒人千里，也可以使陌生人立即成为朋友。

笑可以增加你的面值。乔·吉拉德这样解释他富有感染力并为他带来财富的笑容："皱眉需要9块肌肉，而微笑，不仅用嘴、用眼睛，还要用手臂、用整个身体。"

"当你笑时，整个世界都在笑。一脸苦相没有人愿意理睬你。"他说，从今天起，直到你生命最后一刻，用心笑吧。

"世界上有60亿人口，如果我们都找到两大武器——倾听和微笑，人与人就会更加接近。"

从乔·吉拉德的叙述中，我们发现，他是个喜欢微笑的人。微笑让客户对其产生好感，并信任他，从而愿意与之继续交往。

作为销售员，我们不得不承认一个事实：销售是一个被人误解的工作，也因一些不良销售人员做坏了名声，致使很多人对销售人员拥有拒绝的心态。这就增加了销售人员接近客户的难度，那么，我们应该怎样接近客户？

如果我们想和吉拉德一样，取得客户的信任，可以从以下几个技巧入手。

1.他人引荐法

一般来说，对于陌生的推销员，人们是心存戒心的，因此多半会毫不犹豫地拒绝，这也是让很多推销员头疼的问题。但人们对于身边的朋友、邻居、同事等熟人是信任的，如果我们利用好中间这层关系，能节省很多精力。据调查，通过他人的帮助接近客户的方法是非常有效的，成功率高达60%以上。

他人引荐法分为两种：他人亲自引荐和他人间接引荐。他人间接引荐的形式很多，有电话、名片、信件等。销售人员在使用这一方法时，应该注意谦虚，一定不要摆高姿态，否则会让对方心生反感。另外，也不要居高临下。即使你与介绍人之间关系密切，而介绍人又是有一定身份地位的人，也不可炫耀，而应该心平气和地向对方介绍你们之间的关系，比如，你可以说："大学时候，在学生中最受欢迎的就是××老师了。毕业后，他跟我提起过您，说您是个非常关心患者利益的好医生，是他介绍我来的，这里有他了给您的便条。"

2.求教法

通常来说，人们都是好为人师的，这是人性的一大弱点。对于他人的求教，一般都愿意给予帮助。销售员可以通过请客户帮忙解答疑难问题，或者直接向客户提问的方式来接近客户，这样，客户便有一种自己是老师的感觉，自然对你产生好感。比如，你可以这样请教客户："王总，很多人说您是机电产品方面的专家。最近公司研制出A产品，我们老板今天给我下了死命令，要我过来询问一下您的意见，您看可以吗？"

但销售员需要注意的是，你提问的问题一定要在对方熟悉的范畴内，否则，对方回答不上来，自信心受损，丢了面子，自然不愿意与你继续交谈。

3.事件法

接近客户必须要有理由，而事件就可以被当成一种契机。这些事件可以是销售员自己，也可以是企业的、社会的、国家的等。举个很简单的例子，如果销售员通过了解发现，客户是××学校××年毕业生，他们最近正在筹划同学会，而客户是当年同学中的活跃份子，就可以以同学会为理由接近客户。

4.服务法

顾名思义，就是销售员通过为客户提供有价值并符合客户需求的某项服务来接近客户的方法，具体包括维修服务、咨询服务、免费试用服务、信息服务等。但销售员依然需要注意，你所提供的服务必须是客户所需的，并与销售的商品有关。

5.社交接近法

每个客户都有一定的社交圈，为此，我们不妨先走进客户的社交圈。例如：客户是个旅游爱好者，参加了某个旅游组织，作为销售员的你也可以加入该组织，以此接近客户。再比如：你发现在你经常参加的社交圈子中有可开拓的生意资源，你也可以多加利用。

但在社交生活中接近客户，一定不要过于心急，不能开门见山地推销产品，而是尽量先与客户形成和谐有缘的人际关系。比如：在车站、商场、学校、农贸市场或交通工具等公共场合，都是接近客户的好机会。

总之，接近客户是与客户交流的第一步，交流是从“未知的遭遇”开始的。任何人碰到从未谋面的生人，内心深处总是会有一些警戒，因此只有打开客户的心扉，才能够取得成功。这就需要销售人员在接近客户时多下功夫。很多销售员都苦于没有办法接近客户，主要原因在于他们通常在客户很忙的时候前去拜访，而且方法非常单一。如果销售员能综合运用以上几种方法，找准接近客户的时机，那么，成功性也会大大增加。

培养亲和力，拉近与客户的心理距离

在现实销售中，不少销售员经常会遇到被客户直接拒绝的情况，这是因为客户对销售员有很强的防备心，他们认为销售员是来掏他们的腰包的。此时，销售员直接道明目的，难免会被拒绝。而如果我们能利用心理学上的“亲合力效应”，通过展现亲和力，让客户一步步接受我们，效果可能完全不一样。

一般来说，成功的推销员都具有非凡的亲和力，他们很容易博取客户对他们的信赖，也非常容易让客户喜欢他们，接受他们。换句话说，他们能轻松地跟客户成为好朋友。许多销售行为都建立在友谊的基础上，我们喜欢向我们所喜欢、所接受、所信赖的人购买东西，我们喜欢向具有友谊基础的人购买东西，因为那会让我们觉得放心。所以一个销售员是不是能够很快地同客户建立起良好的友情基础，与他的业绩具有绝对的关系。

婷婷是一名保险推销员。由于人们对保险没有足够的认识，再加上一些小保险公司的违规操作，在一段时期内，人们对保险谈虎色变，唯恐躲闪不及。所以，对保险业务员来说，开展业务何其艰难。但是，就在别的保险业务员举步维艰的时候，婷婷却如日中天，业绩不断翻番，这是因为她在推销保险的时候懂得展现自己的亲合力。

这天，婷婷去小区开发客户。她没有穿职业的套装，而是打扮得很随便。不一会儿，她和下楼散步的王大妈聊了起来。一开始拉家常，聊到了儿女，最终聊到了老人的赡养。当婷婷给王大妈谈起保险的时候，王大妈表示没有买的想法。但是由于一开始婷婷和王大妈聊得很投机，所以王大妈也不好意思立即走开。

随后，婷婷通过向大妈介绍保险的种种好处，慢慢地让大妈对保险有了个全面的认识，同时，大妈也对婷婷建立起了信任。最终，王大妈给自己买了2万块钱的保险。

从上面的故事中，我们可以了解到客户对一些自己不认同的东西心理防备极强。要想攻破这层堡垒，我们就要掌握一些心理学知识，就要通过展现亲合力逐步化解客户心中的疑虑。我们无法想象，一个没有一丝笑容的销售员如何成功推销出去产品。当然，亲和力还包括你的人格魅力、信心、热情等，这些都能帮助你打动客户。

以下几点，值得销售员借鉴和学习。

1.得体的形象会让客户对你留下良好的第一印象

销售人员在拜访客户之前，一定要穿着整齐干净，和客户交流的时候不要太强势，要有很好的亲和力。让客户在轻松自如的环境中和你交流。客户或许会抵触你的产品，但是不要让客户抵触和你交流。所以，给客户留下良好的第一印象是销售员成功的接触客户的前提。

2.语言生动、语气亲切

采用生动、形象的语言和亲切的语气，能使客户感到愉快，从而对销售人员产生信任。

3.态度要诚恳

在与客户沟通的过程中，要让客户感到销售员是诚实的，因为客户是不愿意和一个虚伪狡诈的人沟通的。因此，销售人员说话一定要恰如其分，符合双方的身份，不然，就会引起客户的反感。

4.要配合适当的表情和动作

我们都知道，与客户沟通时要注意方式和语气，这一点固然重要，但如果说话时表情冷漠，动作呆板，那么即使再生动的语言也不能起到良好的沟通效果。因此，我们同样要重视表情和动作的作用，讲话时一定要配以自然的动作、亲切的表情，使顾客心情愉快，切忌不可夸张或矫揉造作，以免顾客反感。

当然具体的表情和动作，要视不同的销售情况而定：

①迎接客户时

有些销售员，遇到顾客光临，虽然嘴上说“欢迎光临”，却面无表情，一点笑容都没有；更有些销售员，上下打量顾客，斜眼看着顾客等，这些都是不对的。正确的做法是报以微笑，目光集中不游离，道出“欢迎光临”。

②介绍产品时

我们在向客户介绍产品时，一定要注意自己的眼神，不可眼神游离不定，而要炯炯有神，透露对产品和自己的信心、对销售工作的热情坦荡，这往往比口头说明更能让客户信服，充满热情的眼神还可以增加客户对产品的信心以及对这场推销活动的好感。

③顾客试用产品时

这时，销售员需要做到的就是耐心服务，尽量满足其需要，不要有不耐烦的表情。

④客户购买后

虽然一些销售员常常对已经完成购买的客户口头上说：“谢谢，欢迎再来”，但心里一点也没有感谢的意思。这些生硬冷淡的语气和态度会带给顾客非常不愉快的感受。客户是我们的衣食父母，无论何时，我们的感谢都要是真诚的。

所以，亲和力的展现不仅由口头语言来表达，还要与其动作神态互相配合地表现出来，才能达到语言、动作、神态三者的和谐统一，以取得服务态度最佳的效果。

第3章　客户想听什么，你就说什么，从客户感兴趣的话题开始谈起

不少销售员总是会有这样的苦恼：无论他们怎样劝说客户购买，如何介绍产品的卖点，客户似乎总是不为所动，甚至还没等销售员开口，他们就习惯性地拒绝，这是为什么呢？原因很简单，我们说的话再多，如果不是客户想听的就是无效的。如果我们能在言语沟通中加点心机，从客户感兴趣的话题开始谈起，客户的思路自然会跟着我们走！

抛砖引玉，先聊聊客户感兴趣的事

许多销售员总是羡慕那些成功者，认为他们太幸运，而自己总是不幸。但事实证明——好运气是有的，但好运气偏爱那些做足准备的人。同样，我们在与客户沟通前，最好事先对客户有所了解，这样不仅能增强自信心，还能帮助我们找到客户的兴趣爱好，以此找到与客户交谈的突破口。我们来看看下面这位推销员的推销经历：

一个周六的早上，老年保健仪器推销员小林敲响了客户吴先生的门，开门的正是吴先生本人。

进门以后，小林扫视了一下客厅，发现整个客厅都有种古色古香的感觉，摆满了字画。很快，他就找到了与吴先生交谈的话题。

“哎哟，这字写得，我真不知道怎么形容好。吴先生，这是您从哪里弄来的墨宝呢？是市里哪位书法家的真迹啊？”

吴先生一听，顿时笑了起来，说："真是见笑了，这是我父亲写的，他比较爱好这些，平时没事就练练书法……"

"看来我今天还真是来对了，令尊现在在家吗？"

"这几天他去省城的姐姐家了，估计过几天才会回来。"

"真是可惜了，我还想要是令尊在家的话，要向他老人家讨要他的字画呢！"

"哦，原来是这样啊。这个你可以放心，我可以做主，送你几幅。"

"那太谢谢您了……"

就这样，吴先生与小林就中国字画的问题聊了起来。聊到尽兴之时，小林装作乍醒的样子说："吴先生，您看，我和您一聊起天就忘了我今天来原本是想……不过，您不购买也没关系，我今天可是收获颇丰啊！"

"你说的是老年保健仪器？老爷子身体现在越来越不好了，我也没时间陪他锻炼身体，要不，你回头送一台过来吧。"

"好的，谢谢吴先生啊。"

案例中的客户吴先生为什么会如此爽快地购买产品？原因很简单，这得益于销售员小林在提出销售问题前进行了一番语言的铺垫。在小林进门之后，他就对客户家进行了观察，难道他真的不知道这些字画出自客户父亲？他当然知道！他这样问，只不过是让自己的赞美显得更真实可信。于是，针对客户家的这些与众不同的"风景"，小林与客户展开了一番深入的交谈，他很快便获得了客户的好感。此时，小林再提出自己拜访的真正目的，客户的抵触情绪自然少得多。而在这种情况下的小林依然不忘提及自己"今天拜访收获颇丰"，这就更加加深了客户对他的良好印象。这时，客户再从自己的角度考虑，很爽快地表明自己有购买需求。

的确，在与客户沟通时，尤其是初次相见，客户难免存在一点儿戒心，不容易放松心情。因此销售人员要特别用心，善于发现客户感兴趣的话题，从而让拜访在轻松愉快的环境中进行。而通常来说，一个聪明的销售员会有敏锐的观察力，善于发现他们交谈场所的特点，然后引导客户继续谈下去，进而顺利地把话题引到销售上，令销售工作容易得多！

可能有些销售员会产生疑问，我们该如何在销售中做到抛砖引玉呢？

1.开口前先热身

在推销之前，你应先鼓励自己："我能行！"这样有助于你鼓足勇气，向客户进行推销。

2.善于观察，发现客户的兴趣爱好

倘若你稍微留意一下，你会发现这样一些东西：照片、奖状、唱片、动植物等。这些你可能忽视的东西却常常会引起客户的兴趣，因为这些东西对于客户来说，可能有纪念意义或者与客户的爱好相关等。所以，要提一提，若你认真询问，客户会更欢迎的。如果你能引导客户为你一一介绍这些宝贝，他们会非常感激你，因为他们能从中得到乐趣。他们平时很少有机会这样做，这种感激会变为行动，他们会说："好了，说了半天了，你也来介绍一下你的产品吧。"

3.不忘赞扬对方

举个很简单的例子，假如我们邀请别人来家里做客，那么，在邀请对方之前，我们一定会好好收拾一下房间，归置东西，甚至买点鲜花，拿出家里最好的饮品等。同样，无论是在客户的办公室或者家里，如果你发现了交谈场所的布置、装修或者客户的爱好有你欣赏的地方，就要真心赞扬，这样客户就会喜欢你，因为你的赞赏是发自内心的。比如，你可以这样赞美客户："阿姨，墙上那照片是您儿子吧？看上去真英俊，一定是个知识分子，相信阿姨一定是个教育有方的好妈妈。"

同时，我们要注意，虽然赞美是一个非常好的沟通方式，但不要夸大，夸张的赞美只能给人留下不好的印象。如："叔叔您真帅，就像周杰伦一样。"

可见，作为销售员，如果我们能在推销前多准备、了解销售环境，就容易找到沟通的话题，让客户来主动讲话，和我们进行有效沟通！

专业解读产品，让顾客感觉你是个专家

向客户介绍、展示产品是销售中的必经阶段，也是让客户拿主意的关键阶段。销售员在介绍产品的过程中语言表达能力如何，也直接关系到客户的最终抉择。任何一个客户，都希望与一个专业素质高的推销员合作，因为专业才能提供更多的保障。如果我们在展示介绍的过程中，语言过于冗杂，势必会让客户没有耐心进行信息筛选。因此，销售人员向客户介绍产品时，一定要用最专业、精炼的语言，使自己的营销活动尽可能高质量、高效率地展开。

销售员小江从客户那里回来后，愤愤不平，向同事小刘诉苦。

小江："刚才那个客户真是烦人，他什么都不懂，还非要冒充是行家，说我卖的电脑这里不好，那里不好。还说他们家那台老式的电脑是目前市场上卖得最火的，我看至少有三四年的时间了，你说好笑不好笑。"

小刘："那你怎么说服他的呢？"

小张："说服他？我刚开始和他讲解现在的市场行情他不听，后来我生气了，和他大辩了一通，使出浑身解数。结果他一句话都说不出来了，哈哈。"

小刘："那他有没有买你的电脑呢？"

小张："……"

案例中的销售员小江为什么不能说服客户反倒和客户起了争执呢？原因很简单，客户反驳他是因为他对产品的解说不够专业。试想，如果他能就自己的产品和客户的老式机进行一番比较，然后给予专业的回击，那么，说不定客户会心悦诚服接受其观点并购买新产品。

所以，对于销售人员来说，要想在介绍产品时让客户相信你，你就需要掌握娴熟、专业、精炼的表达及技巧，具体来说需要做到以下几点。

1.未雨绸缪，介绍产品前先做好各方面的准备工作

我们都有这样的经历：在与某陌生人交谈时，我们常会因为紧张而词不达意

甚至语无伦次。在销售过程中，同样如此，毫无准备的销售往往会使我们显得局促、紧张乃至说话没有条理。这样，不仅不能让我们把握要点地介绍产品，还会因为耽误客户的时间而引起客户的反感。

另外，对于那些疑心很重的客户，销售员在专业语言方面的准备尤为重要。因为这些客户常常为了证明自己选择的正确性、减少购买的风险，而向销售员提出各种问题。此时，我们简练的专业语言就能派上用场，帮助你在面对客户提出的各种问题时为客户提供满意答案，而良好的销售技巧则有助于你在销售过程中能够更加适时适度地说服客户。

2.为客户节约时间，与销售目标无关的话尽量少说

销售人员介绍产品的过程中，千万不要为了与客户套近乎而啰啰唆唆地说一些无关紧要的话。这不仅使你的时间白白浪费，而且会令客户感到厌烦——客户的时间也是相当宝贵的。因此，产品介绍一定要紧紧围绕自己的销售目标展开，才能在有效的时间内把产品的卖点传达给客户。

3.为客户考虑，不要为了推销而推销

乔·吉拉德说：“任何一个头脑清醒的人都不会卖给顾客一辆六汽缸的车，而告诉对方他卖的车有八个汽缸。顾客只要一掀开车盖，数数配电线，你就死定了。”

在推销过程中，任何一个销售员都不要为了推销而推销，说出一些不实的话。说实话往往对推销员有好处，尤其是推销员所说的顾客事后可以查证的事。

4.修饰自己的专业语言

①多使用专业、文明、标准的销售语言。例如，“您好！我是北京××公司的小张，上次与您见过面的，我有一个非常好的资讯要传递给您，现在与您通话方便吗？谢谢您能接听我的电话……”等。

②保持微笑，语音、语速和语调训练有素。以这样的方式说话，会给客户留下非常好的第一感觉——信任感。增加客户在电话交流时的愉悦感，乐意与你沟通下去。

另外，在介绍产品时要注意，如果客户是个“门外汉”，也就是对产品不是很了解，我们就要尽量使用通俗的语言介绍，因为太多的专业术语会给双方沟通造成障碍。而如果对方对产品比较了解，我们则应该适当地运用一些专业术语，才能让客户看到我们的专业水准。

5.在客户体验产品时，给出真诚的建议

顾客在试用产品之后，能充分感受到产品的好处和带来的利益，增强其对于产品的信任感，并可加强销售员和顾客间的关系。但在顾客试用产品时，我们一定不能千篇一律地对顾客说：“这个挺适合您的。”“您穿这件也不错。”因为这样只会让顾客感觉你是为了推销而给出虚假意见，你不妨告诉顾客：“我觉得您的气质适合穿颜色深沉点的，那件就不错，我拿下来给您试试吧。”这类建议，顾客一般都会接受。

适度寒暄，营造轻松良好的交谈氛围

一个好的开始就是成功的一半。人们见面时通常会有一番寒暄，销售也是如此。一段精彩的开场白，通常也是以寒暄作为铺垫的。英国著名作家托马斯·卡莱尔曾说：“礼貌比法律更强有力。”寒暄其实就是一种礼貌，也是在与客户接触中一个比较重要的问题。作为销售员，我们在与陌生客户正式交谈之前，能否做好开场工作几乎可以决定我们是否能成功拜访客户。因为初次见面的时候，客户一般都有戒心，对销售人员有一种自然的防备心理。为了打破相互之间的隔膜，我们不妨与客户寒暄一番，迅速拉近与客户间的距离。

贝尔纳·拉迪埃是某空中客车飞机制造公司的销售能手，当他被推荐到空中客车公司时，面临的第一项挑战就是向印度销售飞机。这是一件棘手的任务，因为这笔交易似乎已经被判“死刑”了——这笔交易已由印度政府初审，未被批准。此时，一切希望就压在了销售代表身上。

对此，拉迪埃深知肩上的重任，他稍做准备就立即飞赴新德里。接待他的是印度航空公司的主席拉尔少将。

拉迪埃见到拉尔少将后说的第一句话是：“正因为你，使我有机会在我生日这一天又回到了我的出生地，谢谢你！”这句话一语中的，很有效果，迅速拉近了和这位少将的距离，进而成功推销出自己的飞机。

拉迪埃靠着娴熟的销售技巧，为空中客车公司创下了辉煌的业绩：仅在1979年，他就创记录地销售出230架飞机，价值420亿法郎。应该说，这也少不了他善于寒暄的功劳。

“正因为你，使我有机会在我生日这一天又回到了我的出生地，谢谢你！”这是一句非常得体的开头语，表达了好几层含义：那天是他的生日，而且印度是他的出生地；能在生日当天这个值得纪念的日子回到自己的出生地，完全得益于对方，因此，他非常感谢。这句简明扼要、贴切自然的话拉近了拉迪埃与拉尔少将的距离，拉迪埃的印度之行取得了成功也就不足为奇。

在“寒暄”一词中，“寒”是寒冷之意，“暄”是温暖之意，合起来是问寒问暖。所以，寒暄就是与客户拉家常，聊一下客户喜欢的话题，比如：“王主任，你的小孩在哪个学校念书？”

其实，寒暄的主要的用途，是在人际交往中打破僵局，缩短人际距离，向交谈对象表示自己的敬意，或是借以向对方表示乐于与之结交之意。所以说，在与他人见面之时，若能选用适当的寒暄语，往往会为双方进一步交谈做好铺垫。与客户交往也是如此，当与客户见面时不直接进入主题，而是进行适当的寒暄，有助于拉近彼此之间的距离。与客户寒暄、聊天其实是打消客户戒备心理的一种方式，以利于慢慢建立一种友好的合作关系。

当然，我们还需要注意的是，与客户寒暄的前提是我们要大胆、自信、主动地和客户交流，敢于向客户抛出话题。这一点，对于那些刚踏入销售行业的新人来说，尤为重要。如果不敢主动迈出第一步，就无法做到突破。刚开始做业务，有时候不知道跟客户讲些什么，有时候有很多的顾虑，这很容易出现冷场的情况。

除了主动外，我们寒暄时还要表达自己的真诚与热情。试想，当别人用冷冰冰的态度对你说“我很高兴见到你”时，你会有一种什么样的感觉？当别人用不屑一顾的态度夸奖你“我发现你很精明能干”时，你又做何感想？推己及人，我们寒暄时不能不注意态度。

总之，学会与客户寒暄，在客户意犹未尽的情况下，往往会顺利进入推销阶段。有时候，商业上的成功之道不是刻意推销，而是打动人心。学会与客户寒暄，赢得客户的好感，就为推销产品铺平了道路。

介绍产品要突出优势

作为推销员，我们都知道，成交才是我们推销的最终目的，而在这个过程中，让客户感受到产品带来的美好感觉，并对销售员以及产品产生信任，就成了推销员要努力做到的工作。的确，在推销中，产品占据了重要地位，为了达成交易，我们需要说客户想听的话，而引人入胜便是方法之一。对此，我们先来看看推销大师乔·吉拉德曾经的一次经历：

那时，吉拉德刚从事推销行业不久。一次，他向一家旅行社咨询去拉斯维加斯的费用。到了旅行社之后，他随手拿起一本夏威夷旅行的指南，一位推销员见状便向他走来，问：“打扰了，先生，请问您去过夏威夷吗？”

“去过，不过是在梦里！”吉拉德开着玩笑。

“那么，你一定会爱上夏威夷的。”这位推销员说。随后，他便向吉拉德出示了一些资料，并介绍了一番夏威夷的风景名胜。不仅如此，他还用自己的嘴，描述了一次生动的夏威夷之旅给吉拉德，并告诉吉拉德："您与您的妻子一定会在那边的海滩玩得很愉快，并且，这趟旅行会让您永生难忘！"

吉拉德的确动心了，但当这位推销员一报出夏威夷旅游的价格时，吉拉德不由自主地退缩了。推销员一看吉拉德的反应，就镇定地说："吉拉德先生，您上次度假是什么时候？"

"我记不清楚了。"他之所以这么说，是为了掩饰自己的心虚。

"那您真是亏待了您夫人与您自己。"他继续笑着说，"我们都知道，生命真的太短暂了。您这样每天辛苦努力地工作，却不给自己奖励是不行的，况且，度完假回来之后，您的状态才会更好，进而销售更多的车，来弥补这一次的花费。我确信您回来以后，一定会一路向前冲，因为您从这次旅行中获得了足够多的能量！"

就这样，在这位推销员的左右夹攻之后，吉拉德决定去夏威夷度假，即使他原本没打算去那里！因为这位推销员带给他的不仅仅是这次旅行，还让他明白这一次夏威夷之旅所花费的来源——只需销售汽车的好处，便能将一次的花销通通挣回来！

从吉拉德这次经历中，我们发现，即使有时候我们的客户没有购买需求，但只要我们善于挖掘，加以引导，让客户感受到产品的魅力，那么客户也会心甘情愿掏钱购买。但要想成功地打动顾客，销售人员就要将产品的优越性以最吸引人的方式或语句展示给顾客，因此销售人员应先对所推销的商品有一个正确的、透彻的认识，而这就需要一定的技巧了。以下是几条建议：

1.突出产品卖点

销售员一定要对自己所推销的产品非常熟悉，要做产品的专家，弄明白哪些是产品的物理特性，哪些是能对客户产生价值的部分。同时，销售员在介绍产品的时候，要懂得联系客户的需求，因为如果这些产品的卖点不与客户需求联系在一起的话，就不能产生任何效用。如果针对客户的需求强化产品的益处，客户就会对这种特征产生深刻的印象，从而被说服购买。

2.掌握一些基本的、突出产品优势的说话方式

在一般情况下，无论产品存在什么样的优势或者特性，不外乎以下几个方面：经济、方便、安全等。针对这些方面，销售人员要根据不同的客户采用下面不同的说明方法。

（1）“这款技术目前是国内最先进的，很多大型企业都已经率先使用了。”

（2）“方便的使用方法会给您节约大量的时间。”

（3）“这种产品可以更多地体现您对家人的关心和爱护。”

（4）“这款设计，更适合像您这样有品位的人士。”

3.从客户的价值观入手

每个产品都有自己的优点与卖点，这是毋庸置疑的，但要将这些卖点与客户的需求联系起来，还需要销售员做好解说工作，如：“您提出的产品功能和售后服务等，我们都可以满足您，另外，我们的产品最大的优点是……”在强化产品优势时，销售员一定要确保自己的介绍是实事求是的，这才能获得客户的信任。

总之，一流的销售员不会直接告诉客户产品有什么好处，而是告诉其产品能为其带来什么好处。当客户通过我们的产品或服务，获得自己想要的利益时，便自然会心甘情愿把钱放到我们的口袋里！

说点恭维话，满足客户的虚荣心

作为销售员，每天都要接待不同的顾客，不同的顾客有不同的性格，所能接受的交流方式也是不同的，人们常说“到什么山上唱什么歌”，与顾客交流也是如此。在现实销售中，我们会发现，有这样一类客户：无论销售员说什么，他

们都显出一副不可一世的神态，并表现得比销售员更专业，希望销售员能聆听自己的教导。面对这种顾客，底气不足的销售员常会不知所措，不敢继续接待；也有些销售员，为了证明自己，与顾客进行一番理论，而到最后，不仅让生意白白溜走，还让自己乃至公司的形象受损。其实，对于这类顾客，我们如果能放低姿态，给其灌下“蜜语甜汤”，满足其虚荣心，销售也会顺利进行。

小王是一家药品卖场的导购员。有一天，有位顾客前来买药。

小王：“先生，请问您需要购买什么方面的药？”

顾客：“都有哪些胃药？”

小王：“我们这里胃药很多，不过我推荐您购买A厂生产的胃药，这是市场上很畅销的品种。”

谁知，这位顾客撇撇嘴，冷笑一声：“这种药品只能去蒙普通人。这厂家用的药材都不是从正道上进的，质量差得远了。我还听说几个月前，这个厂因产品出现质量问题，差点被告上法庭。你说，这种产品，我敢要吗？”

小王一听，知道遇到内行了，她立刻改变策略，恭维道：“您真行！这么隐秘的事都能知道，跟您相比，我们导购员真是井底之蛙了。”

顾客得意洋洋地说：“那是！我代理过某药品好几年了，医药行业的这点破事，哪能逃过我的耳朵。”

小王：“原来是老前辈！刚才我还跟你推荐药，真是班门弄斧了。那您觉得用哪个厂生产的药才放心？”

顾客：“告诉你，B厂生产的药比较可靠。他们靠近原料产地，厂长为人也实在，估计B厂生产的药品不会差到哪里去。”

小王趁机说道：“跟您聊一会，真长见识！你要几盒？我给您拿去。”听罢，顾客痛快地要了两盒。

顾客离开前，小王还不忘恭维道：“以后，您要常来药店指导工作呀！”

每个顾客在购买前，都会对所购买的产品进行一番了解，这是人之常情。一般情况下，销售员能应付。但如果我们遇到的是一些自视甚高的客户，那么，我们就要利用客户的这种优越感，对顾客进行了一番投其所好的恭维，因为专业型顾客自己心中有数，基本上不会听导购员的意见。与其费尽口舌推销商品，还不如以请教的姿态，主动倾听顾客的见解，满足其心理需求。

的确，我们常常会遇到此类顾客，他们自高自大，因为对产品存在一些认知和见解，便有某种优越感，基本上不会听导购员的意见。面对这类顾客，如果我们以说教的方式劝客户购买，恐怕是不起作用的，而如果我们能说些软话，满足其心理，那么销售工作进行起来便容易得多。

具体来说，我们该如何应付这类爱听软话的顾客呢？

1.准确、快速判断出顾客的特性

这类爱听软话的顾客，一般在销售伊始，就表现出主动的姿态，他们会对销售员的服务态度、专业水平或者对产品性能等方面提出很多的要求。对此，我们要善于察言观色，基本摸清顾客的特性，进而揣摩他们的心理、特点和利益需求，进而在说话的时候对症下药，准确地找出应对策略。

2.放低姿态，多讨教

这类顾客在与销售人员交谈时，要么对销售员的推荐默许地点头，偶尔针对不足之处作善意的更正；要么是急于表现自己，不等销售员开口，就喋喋不休地向销售员传授着专业知识，对于销售员推荐的不足之处，会无情地指出，使销售员下不了台。对此，销售员可以降低姿态，以讨教的语气进行交流，利用他们好胜的心理来促成销售。

3.多说恭维话

销售员可以对他们渊博的学识表现出敬佩的样子，这不仅让他们得到心理满足，也会为了表现自己而向导购员传授更多知识。

西方有句格言：“请用花一样的语言说话。”面对这类爱听软话的顾客，如果你想获得成功，就不妨多说些甜言蜜语，使你的语言像花一样绽放，让客户心情愉悦起来，与你进行一个很好的交流，为销售成功奠定一个好的基础。

提高客户的紧迫感，使其主动成为你的客户

作为销售人员，如果你与客户的关系“不冷不热”，那么，你的业绩肯定也是“不死不活”，而原因一定是你没有让客户认识到购买产品的紧迫性。

的确，我们与准客户沟通的过程中，明明发现对方对产品感兴趣，但始终不肯表态，这是因为他们把这种购买意愿储存在大脑中，而没有激发出来，要激发这种购买欲望，就需要销售员采取提问的方式。所以，作为销售员不仅要尽量满足客户需求，还要尽可能地提高客户需求的紧迫感。

销售员小王供职于一家电脑公司，一天，他拜访了一位客户。经过了解，小王发现，这位客户对与电脑系统的安全性非常重视，针对客户的这点需求，小王做出了以下提问。

销售员：“如果您的电脑系统忽然停止工作，并且一天都无法修复，会出现什么情况呢？”

客户：“那么我的工作可能无法正常进行，很多重要资料和会议记录也可能无法提取，而且这将会影响到我的客户，那将是非常糟糕的事情。”

销售员：“那么系统崩溃是如何影响您的客户的呢？”

客户：“如果我的策划方案无法按时交给客户，我可能会失去客户。”

销售员：“如果您的文件因为系统崩溃而全部丢失您会怎么办？”

客户：“那是我最不想看到的，我可不希望发生这样的事。”

销售员：“那么您来试一试我们的电脑系统吧，它将会给您带来安心的体验，将为您避免许多不必要的麻烦……”

客户：“是吗？那么你们的产品……”

销售员小王之所以能让客户有欲望了解产品，在于小王采用了层层推进的提问方式，让客户产生了一种不购买产品就会对自己造成严重损失的感觉，这就是让客户产生了一种购买产品的紧迫性。销售员在向客户提问时，要有的放矢，

切中实际地问问题，才能不断提升客户的这种紧迫感。客户为了获得内心的安全感，一般都会产生购买欲望，并做出成交决定。

那么，如何提高客户的需求紧迫感呢?

1.开发客户的想象力

通用电气公司曾经有这样一次推销经历：

一些年内，通用公司致力于推销照明设备，但有个小学一直不肯购买教室黑板的照明设备，销售员联系了无数次，说了无数的好话，均无结果。

这个难题无法解决之时，有个聪明的销售员想出了一个招儿，使得销售问题迎刃而解。他是怎么做到的呢?

原来，这天，他当着学校校长和老师的面做起示范：他拿了根细钢棍出现在教室黑板前，两手各持钢棍的端部，说："先生们，你们看我用力弯这根钢棍。当我不用力时它就直了，但如果我用的力超过了这根钢棍最大能承受的力，它就会断。同样，孩子们的眼睛就像这弯曲的钢棍，如果超过了孩子们所能承受的最大限度，视力就会受到不可逆的损害，那将是花多少钱也无法弥补的了。"

果然，他的办法奏效了，很快，那所小学就更换了所有的教室黑板照明设备。

通用公司的推销员在向这所小学推销照明屡次遭拒后便转换说服方式，他在校长和众多老师面前做了一个绝妙的示范，让校长和老师们都认识到照明状况对孩子们视力的重要性。而事实证明，这一方法奏效了。可见，在向客户介绍产品时，充分调动客户的想象力是非常重要的。让客户跟着我们的思维走，在我们预设的思想基础上去想象，客户对产品的印象就会更深刻，理解也会更透彻，客户自然会对产品产生和我们相同的认知，销售活动也就畅通无阻了。

2.了解客户需求，然后通过客户需求深化困难

在深化客户困难前，销售员要了解客户需求。然后，销售员通过提问，对客户的内心需求进一步进行分析，让客户认识到如果不购买产品可能造成的影响甚至困难等。客户在内心进行一番权衡之后，自会做出有益于自己的决定，也就是

购买产品。

例如，在销售员向客户推销吸尘器时，就可以使用深化困难的提问方式，逐步增加客户需求的紧迫感，提问可以包括以下一些内容：

“您每天花在打扫上的时间是多少？”

“灰尘对人身体的伤害是巨大的，你在打扫灰尘时，是不是感觉不舒服？”

“尤其是孩子，更需要一个干净的环境生长，不是吗？”

销售员这样不断深化客户所能遇到的困难，向客户展示缺少产品给客户带来的严重性，就能逐渐提高客户对产品需求的紧迫感，从而更快地做出成交决定。

3.持续提醒客户困难的存在

想要让客户的需求转化为购买产品的强烈欲望，销售人员还要注意提醒客户，注意向客户提问的频率，尽量保持提问的连续性。客户只有被提醒，需求感被强化，客户的这种紧迫感才会增强，一旦销售员将提问中断，就如同将系紧的橡皮筋放松，失去了应有的效果。

的确，掏钱总是一件痛苦的事情，所以拒绝就成了客户的一种本能。面对这种情况，如果我们能将“不买某件东西的痛苦”塑造够，使之超过花钱的痛苦，客户同样会愿意和我们做生意！

第4章　给客户一颗定心丸，说让客户放心的话方能打消客户顾虑

在任何一场买卖活动中，作为客户，都希望以最低的价格买到最满意的产品，为此，对于那些前来推销的陌生销售人员，他们难免有这样或那样的顾虑：要么是产品功效上的，要么是产品价格上的，也有一些客户对产品或者销售员存在偏见……这些疑虑正是阻碍成交的最大障碍之一，这就无形中给我们的销售工作带来困难。此时，我们要想成功推销，就必须发挥我们的口才，打开客户心结，揭开客户的真实意图，并做到有的放矢，针对客户不同的疑虑，采取不同的措施加以解决。

客户都害怕上当受骗

一天，某商场的导航仪专柜来了一位先生，准备为自己的爱车购买一款导航仪。在导购员进行一番介绍后，这位先生终于表态了。

顾客：“你们这款导航仪真的有你说得那么好吗？我看不见得吧。”

导购员：“关于产品的性能，我刚才也为您展示过了，估计您也能发现，这款导航仪是同类产品中性价比最高的，不仅技术上先进，价格也相对优惠很多。”

顾客：“可是，我怎么觉得这导航仪后面的这部分摸起来这么薄呢，很容易破掉吧？”

导购员：“我们的导航仪的外壳采用XXX型塑料制成，坚固耐用。这也是为了降低重量啊，方便你携带。”

顾客："好的，那给我拿一款吧。觉得还可以吧。"

导购员给这位先生拿了款新导航仪，但问题又来了。这位先生说："你给我的这款上面这个是什么啊，怎么看着这么旧，不会是人家的退货吧。"

此时，导购员已经不耐烦了，但他还是压住了情绪，因为他知道顾客都害怕被骗。于是，他说："这个您放心，这一款颜色较暗的导航仪，并不是旧产品。最近几年，这种暗色调的导航仪一直很受欢迎呢。"

顾客："哦，原来是这样啊。那你给我包起来吧。"顾客说完，导购员终于松了一口气。

的确，在销售过程中，不少销售人员都遇到过这样的顾客，他们警惕性很高，似乎总是有担心不完的问题，总是怀疑导购员会故意欺骗他。对此，我们一定要保持镇定和耐心，就如同案例中的这位导购员一样，即使已经觉得不耐烦，也要调整心态，继续耐心回答顾客的问题。

事实上，客户之所以多疑的原因有很多，其中之一就是曾经被推销人员骗过。他们因为轻信了推销人员的宣传而买到了质量存在问题的产品，也有可能价格上被坑了，所以他们对以后遇到的推销人员都心存芥蒂，生怕再被骗。

其实担心被骗是顾客的共同心理，了解顾客的购买心理和他们的情感，能让他们感受到被理解和认同，有助于销售工作的开展。那么，我们该如何说才能消除顾客的这一心理呢?

1.态度坦诚，语言诚实、中肯

真正的口才并不是一味地陈述，也不是滔滔不绝地讲话。要知道，当我们与客户第一次接触的时候，客户都会怀着怀疑的态度，你越是表现自己，客户越是怀疑。而如果你能做到诚恳交谈，注意一些说话方式，会让客户觉得你是一个值得信任的人。相反，如果销售人员眉飞色舞、唾沫横飞，就会给顾客造成一种华而不实的印象，进而会把这种感觉过渡到你的产品上去。

2.出示令人信服的证据

事实胜于雄辩。有时候，如果顾客对你的话半信半疑，不妨直接向顾客出示一些实在的证据来，比如产品的销售业绩表、产品合格证等，证明你说的话是真实的，这样就可以令对方信服。

3.大方地面对产品的缺陷和不足

在产品质量和性能上，销售员可以适当表示出对顾客意见的同意，甚至可以主动地承认产品的一些小问题，当然这些问题是无伤大雅的，不会影响到产品的使用。这样，可以换得客户的信任。如："我们的产品质量虽然是一流的，但在款式上还不太时尚，这是我们需要改进的地方。"

因为任何产品都不可能十全十美，比如包装、价格等方面，只是要看这些缺陷和不足有没有对客户造成困扰和影响，有些不足可以忽略，但有些则不可以。销售员在推销产品的时候，一定要诚实地跟客户说清楚，不然等到客户找上门追问的时候，就不好回答了。

另外，在销售行业，一个业绩突出的销售员并不一定完全靠口才，而是靠长期积累的人品与信誉。因为精明的销售人员做的都是回头客的生意，只有从客户的角度出发、真诚地为客户服务，客户才会感受到你的贴心，才愿意信任和接纳你。

总之，在销售工作中，销售员要将产品销售出去的前提是消除客户害怕被骗的心理。而要做到这一点，首先要求销售员做到诚实守信、实事求是地对待客户，这样才能与客户沟通起来更加顺畅，更能赢得客户的信赖。

巧说真实销售事例，让客户放心

销售员要想达成交易，首先要解决的问题就是激发客户的购买欲望，让客户动心，若客户对产品没有任何兴趣，何谈购买？而在现实销售中，有时候，我们使出浑身解数，向客户展示产品的众多优点，可顾客似乎不吃我们那一套。但如果我们换种推销的方式，比如向客户展示一些真实案例，进而放大顾客的需求，就会让顾客有种紧迫感，自然就会加快购买的脚步。

在销售过程中，最忌毫无事实证据的论述。因为对于陌生的销售员，陌生的产品，谁都会心存戒备，更别说信任了。此时，若我们的言谈没有事实依据，则会加深客户的疑心，也就无法激发客户的购买欲望。而如果我们能展现现实例证，给客户吃一颗定心丸，自然会加大客户购买的信心。

一位先生来到商场，准备购买一台笔记本电脑。

导购员："听了这么多介绍，您对这台电脑一定也有不少了解了吧。"

顾客："对，不过你们搞促销是因为这台电脑已经上市好几年了，都快过时了吧，我还是等到新一代电脑出来再说吧。"

导购员："先生，是这样的，我们之所以有优惠活动，并不是说这款电脑要过时，相反，这款电脑销售得非常好，您看这是去年《××报》做的一个市场调查，我们公司产品的市场占有率全国排名第五呢！因为产品卖得好，自然就会采取优惠活动来返利顾客了。而且，以这款电脑现在的配置，虽然已经上市一年了，但依然没有要过时的趋势，所以现在买这款电脑的话，是既实惠又实用。"

顾客："恩，你说得不错，说不定新品出来的时候，在配置上也和这款差不多。"

……

在这则销售故事中，顾客之所以否定眼前产品，是因为他对眼前搞促销的产品存在一定偏见——产品要过时，无法满足其对产品"新"的需求。针对这一点，推销员从产品的销售量入手，向顾客介绍产品的畅销情况。因为畅销情况代表一种产品在客户中的认可度，可以间接地证明产品的质量、口碑等。

生活中，如果有朋友对我们说："这一款是我们卖得最好的产品，已经畅销全球50年，咱们那些老同学现在都在使用它。"那么，我们多半也会选择购买，因为这在同龄人之间往往会产生一种认同感，如果我们周围的朋友都在抢购一件产品，那么势必会产生一种热潮。现代社会，流行性产品的诞生多半由于这个原因。

人们都有一种从众心理。在购买活动中，这种心理更为明显，这是降低内心危险意识的一种典型体现。销售人员要想促成顾客购买商品，利用这种从众心理促成交易，也是一种不错的选择。尤其对于那些追求流行的客户，这一招经常可以起到作用。比如，你可以拿出产品的销售情况表，告诉客户："您看，这是我们这个月的销售情况和客户反馈意见表……"因为这是产品畅销度最好的证明方法，客户自然会打消心中疑虑，购买产品的欲望也就更强烈。

对此，我们可以从以下几个方面入手：

1.用具体的、真实的事例来说明问题

真实的事例是一种具有说服力的论据。比起抽象的产品质量报告，具体真实的事例显得更加形象生动。如果销售员告诉客户："我们是奥运合作伙伴，这是我们的合作标识。"那么客户不仅欣然接受，也会深信不疑。另外，销售人员给客户所举的案例一定要真实，否则就是搬起石头砸自己的脚。

2.借助权威为产品打广告

销售员可以借用专家的研究或分析结果，也可以借用知名人物或企业的合作来强调产品的品牌。这种事例资料浅显易懂，真实可信，十分具有说服力。如："某某500强企业一直在用我们的产品，到现在为止，已经和我们公司建立了5年零8个月的良好合作关系。"在说明的同时，用一些图片或是资料进行辅助证明，就能发挥出更好的效果。

总之，客户对产品提不起兴趣并不是客户不需要，很多时候，是我们没有激发起客户购买的欲望。此时，如果我们能为其摆出一些事实例证，那么，就可以激发客户对产品的信任度，从而让其放心购买！

用数据说话，增加产品的可信度

在现实的销售中，一些顾客不相信销售人员的话，大多是因为曾被虚假信息所蒙蔽，或是听信他人的谣言。对于这样的客户，最好的方法就是用事实来说话，用真实、准确、全面的知识和数据来说服客户，从而端正客户的错误观点。要知道，“事实胜于雄辩”，经过权威认证和精确的数据比单纯的辩解更具说服力。

演讲大师卡耐基就曾经运用数字说服过别人，事情的经过是这样的：

因为开课需要一个大型的场所，所以，卡耐基在纽约某家大旅馆租用了一个大礼堂，每个季度的花费大概是一千美元。

有一天，卡耐基接到了旅馆老板的通知，意思是要卡耐基支付原来三倍的租金，但开课的入场券已经散发了，所有准备工作都已办妥，退掉已经不可能，所以，卡耐基准备找这个经理谈谈。

卡耐基对经理说：“当我接到你的通知时，有点震惊，毕竟三倍租金。不过从你的角度看，也合情合理，你的责任本来就是让旅馆尽可能多地赚钱。如果你不这么做的话，你的收入就会减少。但是我们可以看看这样做到底是有利的还是不利的。”

卡耐基一步步地分析：“先讲有利的一面。假如这个礼堂是用来演出的话，可以获得很大的利润。我们来算一笔账，假如每天一次，那么按照出租给我的时间，也就是20晚，一晚200美元，也就是4000美元，这样算下来，老板你亏大了。那么，你会问，不利的一面是什么呢？首先，你增加我的租金，同时也是在降低你的收入，因为你加三倍租金，我肯定要走，我会另寻其他的地方来讲课。”

“对了，还有件事，那就是我的训练班所吸引的都是纽约最有文化和知识的人，他们到你的旅馆来听课，无疑就是给你的旅馆做免费的宣传，这可是即使你花了几千美元也做不来的广告。这难道不划算？”讲完后，卡耐基告辞了。“请仔细考虑后再答复我。”当然，最后经理让步了。

卡耐基之所以获得成功，只是因为他站在经理的角度想问题，把增加租金与保持租金的好处用数字一个个清楚地表达出来。可见，销售员在向客户介绍产品的时候，如果能用精确、权威的数字说明，会显示出我们的专业水平，从而会增加产品的可信度。越是精确、越是权威的数字，越能让客户感受到你的专业，也就越能获得客户的信任，现在，很多商家都意识到了这种方法的重要性，所以在广告宣传中，很多商家都运用数据来说话。比如：

“只要30天的时间，您的肌肤可以……”

“科学证明，我们的太阳能电池充满一次电，能待机20天。”

“只需要14天，你的牙齿就可以……”

“我们的洗衣粉能去除99%的污渍”

“我们已经对全国超过1000名的使用者进行了1个月的跟踪调查，没有出现任何的质量问题。”

那么，销售人员应该从哪些方面用数字说话呢？

1.产品的性能和指标

比如，冰箱销售员在介绍产品的时候，可以这样说：“你知道吗？即使你的冰箱24小时都在使用中，但相比其他品牌的冰箱，你可以节省××度电。”这样说，不仅能体现出销售人员的专业，更为重要的是，该冰箱的优越性能立竿见影。

2.产品的普及程度

比如，销售员可以告诉客户，你所销售的彩电已经在全国多少省市畅销，获得多少消费者好评等。如此以来，产品的质量也就有了一个很好的证明。

3.购买产品会给客户带来多少好处

客户最关心的是利益问题，而真切的数字会更让客户信服。比如，生产机器类销售员可以这样告诉客户：“你假如从现在开始使用我们的机器，那么，在一个月以内，贵厂的产品出产量将会增加××，收益会增加××。”

虽然用数据和事实来说服客户和很多销售技巧一样，具有很好的作用，能增强产品的可信度，但如果数字本身的可信度有问题，比如数字不准确、虚假或夸张等，就会引起信任危机，因为一旦客户发现这些数据本身有问题，就会对销售员本身乃至整个公司的产品产生质疑。这无论对于销售者还是企业来说，都会产生无法估量的恶劣影响。

总之，如果我们能使用一些真实、准确的数字，并做到适时使用，那么顾客对产品一定有更为深刻的认识！

如何打消客户对产品功效存在的疑虑

任何客户在购买产品的时候，都希望产品能物美价廉。但作为销售人员，我们都清楚，没有任何一件产品是完美的。而正是因为这样，导致了很多客户在购买产品的时候，对产品百般挑剔，甚至对产品的功效直接否定：“这件衣服的做工也太差了吧，这样的衣服你们也敢挂出来卖？！”“这冰箱怎么制冷效果这么差啊？”面对这种情况，一些销售新手会变得紧张、语无伦次，并作出顾客已经拒绝购买的判断。

其实，销售人员完全没有必要紧张，因为顾客也深知世界上没有绝对完美的产品这一道理。我们要做的就是保持镇定，耐心地向顾客解释，突出产品的长处，以此来淡化产品的劣势。即便顾客直接指出产品的缺点，也不要慌张，要耐心向顾客解释，打消其心中的疑虑。

某电脑城，一位先生携带自己的儿子，准备为其购买一台电脑，经过导购员的引导，父子俩都觉得一款黑色的笔记本不错。

推销员：“先生，您的眼光真不错，这款笔记本配置高，功能强大，非常适合现在的学生用，无论是学习还是游戏，都再适合不过了。”

顾客：“是吗？这台电脑是什么配置？”

推销员：“这款电脑CPU是酷睿双核，主板前端总线1066MHz，CPU1066MHz，DDR3内存1066MHz。”导购员说着拿出产品说明给顾客看。

顾客：“这款电脑真的像你说的那样，怎么可能这么高的配置这个价钱？你吹的吧。”

推销员：“其实我知道您担心买到不满意的产品，如果换我也会这样。不过对于这些数据我早就烂熟于心了，绝对不会有错误。而且，我们都会尽力提供好售前服务，否则顾客发现产品不是自己想要的，结果回来退换货，麻烦的还不是我们自己。另外，关于价格问题，是这样的，这周我们店庆，所有电脑都参与优惠活动。所以，您就放心吧。”

顾客：“原来是这样啊。”

在顾客心里，似乎都对销售员存在一定的质疑，尤其是这种空口无凭的解说，更会让顾客觉得是在吹牛。案例中，销售员面对顾客对产品功效的质疑，并没有采取如“我都已经卖出去很多台了。”“怎么，您还怀疑我骗您啊？”“当然有事实依据了，我怎么能骗您呢？”等此类应对方式，因为这些回答不仅没有说服力，还会加深顾客的怀疑。案例中的销售员先肯定了顾客的顾虑，然后再以诚恳的态度告诉顾客，提供好售前服务是为了免于售后服务带来的麻烦，最后，他再针对顾客所考虑的价格问题进行了解释，让顾客心服口服。

那么，面对顾客否定产品的功效时，我们该如何处理呢？

1.保持良好的服务态度，不要试图与顾客争吵

不管顾客出于什么目的而否定我们的产品，我们都不能与之争吵。因为争吵解决不了任何问题，十之八九争论的结果会使双方比以前更相信自己绝对正确。你是赢不了争论的。要是输了，当然你就输了；如果赢了，你还是输了。因为客户已经丢了面子，不会再向你买东西了。不论你们争辩什么，你是得不到任何好

处的。当客户直接否定我们的产品功效时，我们一定要先认同客户，安抚好客户的情绪。以友好的态度来对待顾客，营造出一种公平、愉快的氛围，让客户感觉自己受到了重视，此时，他就会愿意与销售员沟通，从而可能有更多的机会购买产品。

当然，避免发生争执，并不是说应该忍气吞声地放弃原则和利益，迁就客户的无理要求，事实上也根本用不着这样。

2.辨析顾客的真假异议

很多时候，客户称我们的产品功效差，并不是真的有异议，而是希望得到优惠和降价或者为了达到其他目的。此时，如果我们不能辨别出客户的真假异议，就会在与客户沟通的时候南辕北辙，达不到真正的沟通结果。当然，这需要销售人员运用敏锐的观察力，从而发现顾客的刁难并非真正有异议。通过对顾客言行举止进行认真观察，加深对客户的认识并把握交流方向，是很多优秀的销售员经常使用的一种方法。

另外，积极地询问也是找出客户刁难我们的原因的一大良方，多问一些“为什么”，让客户自己说出原因。这样，更有助于我们更好地做出判断。

3.产品本身的确存在问题时，要尽力为顾客解决

客户否定我们的产品功效，也可能的确是产品本身存在问题。此时，虽然客户指出了产品的确存在的某种劣势，我们也不要就让思绪跟着客户走，而应该继续强调产品的优势，学会扬长避短地回应顾客，例如：“太太，的确，我们的这款洗衣机操作起来是有点复杂，但正是因为这样，它有着其他很多洗衣机所没有的功能。”另外，如果你由于疏忽，推荐给客户的产品正好是存在瑕疵的产品，那么，你要先向客户道歉，然后再拿一款完好的产品给客户重新试用。

总之，无论顾客对产品存在什么样的顾虑，我们要加以重视，灵活应对，为顾客提供周到的服务！

先“晾”出产品的优缺点，防止客户疑虑过多

在销售过程中，客户总是存在这样那样的疑虑，而这正是阻碍成交的最大障碍之一。这也是有原因的，有些销售员为了尽善尽美地展现自己的产品，总是报喜不报忧，甚至把产品吹嘘得趋于完美，并刻意隐瞒产品或服务中的缺陷：你销售的化妆品明明是化学物质制成，你却说是草本植物；你负责销售的电脑辐射很大，你说电脑的辐射是行业里最小的；交货日期明明最起码要一个月，你却说只要二十天……你这样说并不会取得客户的信任，相反，客户迟早会发现你的伎俩，给销售造成障碍。实际上，客户的一些疑虑我们完全是可以预防的，比如：主动暴露产品的某些无关紧要的小缺点，或者主动提出客户的疑虑，把可能出现的问题“晾”出来，这样就等于给客户吃了一颗定心丸，从而对我们产生信任。

1.“晾”出产品优点，让客户主动说“是”

小齐是一名供暖设备的推销员。一次，他要将一批供暖设备推销给某假日酒店，客户对他的产品很感兴趣，但到最后并没有如预料中那样顺利地成交。小齐知道问题出在了价格上，于是，他主动提出：“王总，我明白，可能您觉得我们的产品贵了些，这一点，我也承认。但在刚才我给您演示产品的过程中，您也看到了，我们的设备完全是一套节能环保设备，甚至可以变废为宝，这是其他任何供暖设备不能做到的，也会为贵酒店带来很多可观的收益……”小齐说完后，对方连连点头，最后顺利签了约。

在这个案例中，销售员小齐之所以能成功说服客户购买，就在于他能在客户提出价格异议前，主动告诉客户产品贵的原因。这样，客户就会打消“购买产品会吃亏”的疑虑，自然会选择购买。

在销售过程中，最有效的劝服技巧无非是让客户自己承认产品的优良、服务的到位等优点，让客户在拒绝之前先说“是”，就能有效将客户的拒绝遏制住。

比如，你可以对客户说："××先生，您应该知道我们的产品向来都比A公司的产品价位低一些吧？"

当然，销售员在让客户肯定某些销售情况时，必须要对该情况有十足的把握，不能让客户抓住把柄。

2."晾"出产品不足，让客户感受到你的诚实

一家医院和某个药厂合作了很多年，可是突然决定不再使用那个药厂的产品了。原来，该药厂的一位销售员到医院向医生介绍一种治疗风湿病的药，他对那位医生说："张医师，只要有了这种药，保证你们医院所有的风湿病人都可以被治好。"

医生听后很生气，说："你还真敢吹牛，把我当傻帽啊！风湿病是无法根治的，以后我们医院再也不用你们厂的药了，你走吧。"销售员只好悻悻地走了。

案例中，销售员所犯的错误很明显，没有真实、客观地反映反而夸大说明产品的功效，而他忘记了和自己合作的是医院，医生对所有药品的性能和功效都有一定的了解，况且他犯的还是常识性错误，自然会引起客户的反感，生意失败也在情理之中。相反，如果这位销售员能够实实在在地说明他们药物的作用，比如："张医师，我们通过大规模的实验证明，这种药物能有效减轻绝大部分风湿患者的症状，这里有一份报告，您可以看一下。"或许那位医生还可以考虑一下。而他所夸大的事实正好是医生的专业所在，这就怪不得医生会生气了。

在现实销售中，我们可能会对一些销售前辈们的做法感到不解：为什么他们会主动向客户透露一些产品的缺点？这样做不等于赶走生意吗？其实，并不是如此，这些销售前辈们的做法是正确的。因为，任何一个客户都明白，没有产品是完美无缺的。如果我们一味地只提产品的优势，而掩盖产品的不足，反而会引起客户的更多疑虑甚至反感。"不打自招"则会打消客户的疑虑。

所以，每一个销售员都应该明白：诚信是维持友好客户关系的根本，只有以诚实的态度和恳切的心情去与客户打交道，才能拥有更多客户，销售工作才能更好地进行下去。

3.巧妙地告诉客户真相

我们在给客户吃定心丸，告诉客户产品的某些缺陷和不足时，也是讲究技巧的。告诉客户产品的真实情况，并不是说，销售员要将所售产品的问题简单地罗列在客户面前。如果销售员冒冒失失将产品的某些缺陷告诉客户，客户可能会因为接受不了这些缺陷而放弃购买。如果销售员掌握一定的技巧，不仅可以赢得客户的信赖，而且还可以更有效地说服客户，使客户产生更加积极的反应。比如，你可以转移话题，告诉客户产品的其他的优点。许多时候，当你运用恰当的技巧诚恳地解释清楚个中原委时，明理的客户不但不会产生情绪，反倒会被你的诚实可信所打动。

总之，真正的销售技巧就是要让客户长期的信任你。为此，销售员有时候不妨主动给客户吃颗定心丸，告诉客户产品的某些真实情况，这样才会获得客户的信任。

第5章　站在客户的角度说话，让客户把你当成可以信赖的死党

“没有卖不出去的产品，只有卖不出去产品的销售员。”从销售的角度来说，这句话是非常正确的。销售员要想把产品卖出去，首先就要与客户建立良好稳固的关系，要实现这一步，销售员就要做到最基本的一点：站在客户的角度说话。因为客户购买产品的实质是购买产品背后的利益，所以，你只有站在客户的立场去介绍产品，才能让客户看到你的产品的有用之处，也才会认可和相信你。

始终站在客户的角度推销

在销售活动中，客户所关心的是自己的利益，销售员所关心的是自己的提成或公司的利益，这两者看似是矛盾的，实则是一致的。只有客户的利益得到了保障，公司的利益才有基础。因此，在认清客户重要性的前提下，销售员在说话时一定要设身处地为客户考虑，善于从客户的角度出发，为目标客户介绍他最适用的产品，为客户提供最真诚的建议，满足客户的愿望，充分理解客户、尊重客户，这样才能为自己的成功和公司的长远发展打好基础。

张兰是一名化妆品推销员。一次，公司推出一款新品，张兰就想通知自己的几个老客户，看谁对这款产品有兴趣。她拨通了第一个客户的电话。

张兰：“周姐，您好，我是小兰啊。”

客户：“哦，是你啊。有事吗？”

张兰："我们公司新推出一款产品，我觉得很适合您，就给您打个电话，您上次不是让我帮忙留意的吗？"

客户："哦，这样啊，我知道你说的这款，我不怎么喜欢。要不，你给我拿套那个××吧，那是大牌子。"

张兰："我知道您说的这款，其实，姐，这套相对来说贵很多，您可能并不在乎钱，我给您卖贵的，我拿的利润当然也高，但贵并不一定就适合您。说实话，那款产品，您用的话，因为肤质的关系，我怕您会过敏。我建议您还是不要买。"

客户："小兰啊，你可真是会为我考虑啊，我信得过你，今天下午你到我家来一趟吧。"

情景中的这名销售员可以说是一名称职的销售员，她会站在客户的角度思考问题，自然会赢得客户的信任。

销售员要想把产品卖出去，首先就要与客户建立良好稳固的关系，要实现这一步，就要做到最基本的一点：从客户的角度出发，要了解客户，知道客户真正需要什么。对此，销售员在与客户沟通时要遵循以下几点原则。

1.理解客户的心情

客户购买产品，其实买的就是一个顺心。如果客户总能感觉到销售员对自己很理解，注重自己的心情和感受，那么客户就会被这种氛围所吸引，进而对产品投入更多的关注。

某公司招聘秘书，负责招聘工作的经理收到了几百封来自求职者的发来的邮件，他看得头昏眼花，不知道该怎么选择。就在这时，一封求职信吸引了他。这封求职信的内容是这样的：

"总经理先生，您好。我知道，和我一样在竞争这个岗位的人很多，现在您看邮件一定很头痛，所以我非常希望能为您做点事。我一直从事人事工作，有一定的经验，这个问题相信一定能处理。"

这位总经理看完邮件后，立即给这位求职者打了电话。

这封求职信的文笔并不算是特别优美，求职者也没有大肆宣传自己的能力。她只是站在这位总经理的立场，思考他的需求，就从众多竞争者中脱颖而出，为自己赢得了一个工作机会。这样的理念如果用在销售上，也会产生神奇的效果。

2.重视客户的利益

说服客户不仅需要较好的语言技巧，更重要的是要掌握正确的原则：抓住客户的切身利益展开说服工作，即“站在别人的角度，说自己的话”。

每个人在沟通的过程中都有一个自己的立场，若别人说话的立场和自己的不同，自然就会产生抗拒心理。聪明的销售员应该学会和客户站到同一个立场上去，并从客户的角度出发去思考问题。

3.帮助客户解决问题

一位好的销售员可以为客户提供解决办法，为其减少麻烦，并帮助他们拓展业务。在约见客户之前，你最好就对他们生活和工作有所了解，知道他们目前正在遭遇哪些问题。如果你的产品恰好有助于他们改善或有效解决眼前的困境，那你就要抓住机会告诉客户，你的产品在解决难题过程中的种种优越之处。如果你的产品能够协助客户有效解决他遇到的难题，那么即便你不做过多的介绍，客户也会对你的产品情有独钟、充满兴趣，从而产生购买的想法。

嘘寒问暖，以此感动客户

人都是情感的动物，都会受到周围环境的影响，客户也不例外。在销售中，面对客户时，如果我们能先放下销售，只从关心客户的角度，对客户嘘寒问暖，打开客户的心结，那么客户是愿意主动向我们诉说内心的真实需求的，成功率无疑会大大提高。与冷冰冰的销售言辞来相比，热情的关怀有时更容易打动客户。

这是因为，销售话题太具功利性，而聊家长里短则更显得平易近人，会拉近我们与客户间的距离。

推销大师乔·吉拉德之所以能在销售界有如此成就，其中有条重要的秘诀，那就是关心客户。无论是售前还是售后，乔总是为他们送去关心和问候。于是，他既能赢得老客户，又能吸引新客户，生意越做越大，客户也越来越多。然而在现实销售中，一些导购员能言善辩，介绍产品时口若悬河，但四处碰壁的原因就在于此。

推销员敲开某住户的门，当他说明来意后，对方的回答是："我们现在不需要。"

"没关系的，您现在很忙吗？看得出来，您虽然很忙，但脸上却一直洋溢着幸福的笑容，您的家庭一定很幸福吧。"实际上，女主人当时并没有笑，但听到销售员这么说，女主人果然笑了。

"噢，谢谢！我的确挺幸福的。"

"您丈夫对您一定也非常好吧，我看到屋内挂的全家福了。我知道您先生是一位事业成功、在业界有影响力的优秀人士。那句话说得没错'每一个成功的男人背后都有一个伟大的女人。'"

"呵呵，哪里啊！我也没有对他的事业帮到什么忙，只是每次他回到家里，能吃到热气腾腾、可口的饭菜，能换上干净的衬衣，能看到可爱的孩子。"

"是啊，这就是一种幸福啊……"聊着聊着，女主人已经沉浸在幸福里了。

"其实，我们对你的产品还是挺感兴趣的，等我丈夫回来后，我们一块儿去你那里看看。"女主人居然主动提到销售的事。

"好，谢谢！这是我的名片。"

案例中的这位销售员在被女主人拒绝后，仍然保持良好的态度，并对客户说了一些动情的话，从而试探出客户是一个感性的人。之后，他从情感的话题入手，谈到女主人的家庭，对女主人嘘寒问暖，从而获得了她的认可，让她承认"我们对你的产品还是挺感兴趣的"，从而挽救了销售局面。

可见，在与客户交流时，如果我们能主动找一些情感话题，对客户说一些动情的话，想客户所想，忧客户所忧，那么，便能让客户对我们敞开心扉。每个人的心中都会留有一片空地，专门为情感打结所用，这就是人们所说的“心有千千结”。推销员并不是情感专家，也不是心理学家，但销售员必须知道，这结是情感的结，推销中要注意把握情感，做情感的舵手。

那么，在销售中，销售员该如何做到嘘寒问暖，以此来感动客户呢?

1.保持微笑

美国著名女企业家玫琳·凯说：“对每个推销人员来说，热情是无往不利的，当你用心灵、灵魂信赖你所推销的东西时，其他人必定也能感受得到。”笑容始终是销售人员打动客户的武器，而客户也总是对那些面带微笑、热情的销售员青睐有加，客户总是会把热忱和人的其他品质联系在一起，比如真诚、善良等。因此，热忱的态度是一个优秀的销售员不可或缺的素质，可以这么说，如果没有热忱的态度，销售成功的几率也就十分渺茫了。所以说，作为销售员，我们要时常把热情变成一种习惯，学会微笑，用真诚的微笑去感染他人。经常锻炼脸部肌肉，随时都能露出笑脸。

2.始终诚恳表达

吉拉德曾说：“所有最重要的事情，就是要对自己真诚，并且就如同黑夜跟随白天那样的肯定，你不能再对其他人虚伪。”

要知道，没有人愿意与一个狡诈的人合作，因此，在与客户沟通的过程中，销售人员一定要诚恳地表达，做到恰如其分，符合双方的身份，更要做到句句肺腑，客户才能感觉到你值得信赖。不然，就会引起客户的反感。

3.说话要柔和亲切

亲切是销售员说话时必须要做到的，这样才能使客户感到愉快，从而对销售人员产生信任。语言的热情也决定了态度的热忱。

4.选择合适的话题

以下几个话题一般能引起客户的谈话兴趣。

①饮食

比如，我们可以说：“阿姨，您是不是在做饭啊，这么香，做的什么菜啊？看上去很营养啊！你的家人可真有口福。”

②气候

比如，我们可以说：“这几天热得出奇，注意防暑啊。”而气温降低后，你也可以提醒客户：“天气凉了，记得添加衣物。”

③保健

这里，我们需要注意，一般中老年顾客保健意识比较强，对保健知识了解要较多，我们的专业知识如果不是很前沿、很丰富，将很难吸引顾客。另外，我们的语句述不能夸张，并且要备有大量信息以便顾客鉴证。

尽管销售员和客户之间存在着利益关系，但是这种利益关系并不是赤裸裸的金钱交易，其中还包含着人与人之间的温暖和真情。销售员要多关心客户的生活，关注他们身边发生的事情。这样无形之中就会渗透到客户的生活中去，用情感温暖客户。

让客户从言谈中看到你强烈的责任心

责任心决定了一个人处事的态度，更决定一个人做事的高度。销售也一样，一个尽职尽责的销售员不仅可以获得客户和领导的信任，也可以有较好的销售业绩。而对于企业来讲，更愿意将一块市场、一个任务交给有责任心的销售员，因为在很多时候，一个企业的命运是和产品的销售业绩直接挂钩的。一个有责任心的销售人员会千方百计努力去实现自己的目标，而一个没有责任心的销售人员则会得过且过，最终将命运断送在自己手中。正如足球行业中的一句话所说“态度决定一切”，用在销售人员身上则是：责任决定态度，态度决定一切。这就告诉销售员，在销售的过程中，一定要让客户看到你强烈的责任心。只有这样，他才会信任你，才会购买你的产品。

很多销售员认为，良好的沟通能力就是能说会道，在介绍产品时侃侃而谈，在争取订单时游刃有余，其实并非如此。这些只是销售员在与客户沟通时必备的口才技巧，除此之外，销售员还要有良好的心态，其中最重要的一条就是要有责任心，即对产品负责、对客户负责、对公司负责、对自己负责。不仅如此，还要让客户从你的言谈中体会到这种责任心。

1.对产品负责任

要想让生意有长久的发展，产品的质量是重中之重。这是一个公司上到领导层，下到销售员应该共同承担的责任，也只有这样才能得到客户的信任，也才能有长期的合作。

那么，作为一名有责任心的销售员，如何对自己的产品负责呢?

（1）在向客户推销之前，要保证自家所推销的产品没有质量问题。同时，在售出的时候，要提醒客户检查好产品的质量。

（2）如果销售员不小心将有质量问题的产品卖给了客户，销售员一定要及时告知客户，以免造成一些意外损失。如果客户找上门，要求销售员承担责任时，销售员万不可推脱，也万不可有以下言论：

“我只负责销售，卖出去就不关我的事了。”

“公司又不是没有售后服务部门，你们找错人了，我不管这事。”

“你当时买的时候本来就是特价的产品，一分价钱一分货的道理，谁让你当时不买贵的。”

销售员虽然只负责销售，但毕竟产品是从销售员手上售出的，销售员对自己所卖出的产品负责，是一个销售员乃至整个企业的立身之本，更是一个销售员要具备的基本素质。产品售出后，如果出现销售员难以解决的质量问题，不要与客户争吵，要找多方人士一起研究，给客户一个合理的解释。

2.对客户负责任

作为销售员，我们的最终目的是卖出产品，但要明白，客户是我们销售业绩的最终来源。同时，销售员卖出的不仅是产品，还是一个销售员和公司的信誉。只有对客户负责并关心体谅他，客户才能把你当作朋友。让彼此之间的关系更加亲密，让客户看出你是一个值得交的朋友，是个有责任心值得信赖的人，你才能把握抓住机会，才能和客户进行长期合作，成为一个出色的销售者。

3.对公司负责任

有些销售员，会把自己当成公司的一分子，和公司荣辱与共；而也有一些销售员，在谈到公司的时候，使用的通常都是“他们”而不是“我们”，仿佛自己不是公司的一员，自己和公司的利益是对立的。这样的销售员，就是对公司不负责任的。真正优秀的销售员，不是单纯地为了销售而销售，而是把销售当成自己的事业，努力地为自己的团队争取利益，这样的销售员工作起来才会快乐，因为他有归属感，只有对公司负责，才能在公司给你提供的这个舞台上成长、成熟，直至成功。

4.对自己负责任

对客户、公司、产品负责，其实，归根结底是要对自己负责，我们要明白“我在为谁工作”的问题，你是在为自己工作！“负责任、要敬业”应该永远是每个人在工作中遵守的原则，而销售员也应该永远用这样的态度来对待自己的工作。

如果你想成为优秀的销售员，不妨用这种方式来证明自己，把推销产品当作自己的事业，从心里认为这是为自己在工作，而不是为公司工作。

总之，责任心是取得成功的基础，没有责任心，再怎么努力也枉然。因此，销售员必须让客户从你的言谈中看到你的责任心，当然，这不是一朝一夕就可以做到的，需要销售员从从事销售工作的那一刻起就要学习，学会对产品、客户、公司、自己负责，并有效地与客户沟通，让客户感觉你值得信赖，只有做到了这些，客户才会从心中认定你是一个有责任心的销售员，才会与你进行长久合作。

推销时要本着为客户考虑的本意

在与陌生客户交谈时，我们如果一味地推销，很容易使客户产生抵触情绪，而如果我们能站在客户的角度说话，善加引导，打开客户的心扉，让他一吐为快。那么，不仅有利于了解其内心真实想法，还有利于拉近和客户在心理上的距离，让他更容易接受你的劝说，从而获得销售上的成功。

在销售过程中，推销员经常会遇到客户推脱的情况，如果缺乏沟通技巧，推销成功的机会就变得非常渺茫，而如果我们能和乔一样进行巧妙的引导，就会有所斩获。

那么，我们该如何站在客户的角度进行换位思考呢?

1.从关心客户需求入手

在现实销售中，一些销售人员完全站在自己的立场上考虑问题，希望一股脑儿地把有关产品的信息迅速灌输到客户的头脑当中，根本不考虑客户是否对这些信息感兴趣。这些销售员，几乎从刚一张嘴就为自己的失败埋下了种子。要知道，实现与客户互动的关键是要找到彼此间的共同话题，这就要求销售人员首先要从关心客户的需求入手。

对于客户的实际需求，销售人员需要在沟通之前就加以认真分析，以便准确把握客户最强烈的需要，然后从客户需求出发寻找共同话题。

2.多询问客户的意见

在销售过程中，询问不仅可以更好地控制谈话的进程，调动客户的兴趣和积极性，还可以使销售员得到更多的信息，并且这些信息会对促成交易有利。

当销售员向客户进行一段解释后，就应该向客户进行询问，看他听进去了多少，听明白了多少，他的看法如何。比如：“关于这一点，你清楚了吗？”或者“您觉得怎么样？”这样就给客户提供了一个说明他的想法的机会。

3.本着为客户考虑的本意

在现实销售中，很多销售员表现出来的是为了销售而销售，这无疑会加重客户的种种疑虑，不愿购买。客户只有在认为现在做出成交决定可以获得最大利益的前提下才会真正决定成交。所以，销售人员要更多地站在客户的立场上考虑问题，要让客户明白你是在诚心诚意地替他们着想。

找到客户最关心的问题，并给予承诺

我们都知道，销售的最终目的是完成交易，然而，在现实的销售中，客户总是有这样那样的问题，而这些异议不被解决，便无法达成协议。客户心存异议，是由于其关心的问题未被解决，这就需要销售人员细心观察，找到关键问题并给予解决。我们先来看看下面的销售案例。

销售人员："能告诉我，您对于我们的产品还有哪些疑虑吗？如果您告诉我，我一定会尽力为您解决的。"

客户："虽说我对你们公司的产品不是百分百的了解，但是也是做过一些功课的，因为也有其他人推销过。"

销售人员："既然这样，两家的产品，您肯定也比较过，您的比较结果能说出来听听吗？"

客户："实话说，你们公司的产品在价格上还是……"

销售人员："那除了价格呢？"

客户："我还担心贵公司的产品质量问题，这应该是所有客户最关心的吧。"

销售人员："这我能理解，产品质量我完全可以保证。那对于交货日期呢？

你有时间要求吗？或者有什么其他的问题呢？”

客户：“哦，你不说我还忘了，通常我们会在……交货，至于其他的，我没什么问题了。”

站在客户的角度考虑问题，有技巧地进行提问和真诚的倾听，是消除客户异议的最佳方式。想要完成交易，那么你必须能够满足客户的需求，而满足客户需求的关键就是真正弄清楚他们的需求到底是什么。如何弄清客户的真实需求？聪明的销售人员会从客户的言行中找到答案。

那么，客户最关心的问题有哪些呢？在很多时候，客户都希望销售人员能够对与切身利益和产品有关的问题给予圆满的答复。

1.体验到被尊重和重视

“客户永远是上帝。”如果在与销售员交涉的过程中，客户丝毫不能感受到被尊重、被重视，那么，他是不会与销售员展开任何业务往来的。

2.了解更多的相关信息

客户花钱购买产品和服务，自然希望能花最少的钱得到最多的好处，这种心理是正常的。因此，他们通常会“货比三家”，以选择出最适合和性价比最好的产品。销售员要掌握好客户的这种心理，及时将各种情况向客户进行通报，消除他们的不安全感，从而增强他们对整个交易的信心。

3.得到关于产品质量和服务的允诺

客户这样做无非是为了达到心理上的一种安稳，在得到销售员的这些承诺后，他们就等于吃了一颗“定心丸”。在售后中，一旦产品出现问题，他们也可以及时联系到负责的部门，从而解决这一问题。

4.自我价值的认定

客户在购买产品的过程中，要求被尊重是理所当然的，他们希望得到卖方的一种价值认定。因此，销售员如果能从客户角度考虑，告诉客户这笔生意对于销售员自己乃至整个公司都是重要的，那么，客户一定很高兴并乐意成交。

不同的客户，关心的问题是不尽相同的，有些客户关心产品质量，有些客户关心产品的售后服务，有些客户关心的是产品能给自己带来什么附加值……总而言之，销售人员需要在每一次销售实践中仔细揣摩、认真分析，通过各种适当的方式了解客户所想，从而有针对性地促进成交。在确定客户最关心的问题后，还需要销售人员对客户流露出的信息进行分析和总结。

在实际销售中，有些客户是比较坦白的，会把自己所关心的问题直接告知销售员，这会为销售员的劝解工作带来方便，但更多时候，客户并不会直接告诉销售员自己的真实想法，这就会增加销售人员了解客户的难度。如果客户不愿意或者不能真实、全面地说出他们真正关心的问题，那么销售人员就要对客户已经流露出的相关信息进行认真分析和总结，以便找到客户最关注的内容，并及时为客户提供有效的信息回馈。

从客户的角度考虑问题，就要求在销售过程中，销售人员要特别注意，不要阻止客户说话，要尽量让客户多谈自己的想法，即使客户所谈的内容与整个销售活动完全无关，你也要耐着性子听，不要打断客户说话，再选择恰当的时机提出成交请求，这样的销售活动往往能够水到渠成。

总之，销售人员要注意以下几点：

1.任何问题的产生都是有原因的，只要销售员认真观察、仔细分析，就能找出客户最关心的问题，然后解决它，实现成交。

2.如果销售员不了解客户关心的问题，那么任何整个销售工作将是徒劳。

3.不要指望客户告诉你他关心什么，你应该学会引导。

4.不要把眼光局限于客户自身，有时候，不妨将眼光发散一点，从客户的外围展开调查，这些来自间接调查的信息往往能够对你通过直接询问获得的信息进行有效的补充。

5.即使你不知道客户最关心的问题是什么，也不要妄自猜测，造成不必要的理解偏差，你的自作聪明往往是导致成交失败的最重要因素。

第6章　善于倾听，倾听术让客户在潜移默化中信任你

我们都知道，在销售过程中，需要对客户进行言语引导，只有这样，客户才会听。这就要求我们的销售人员能说会道，但那些总是滔滔不绝的销售人员的业绩似乎并不是太好，这是因为他们忽视了客户也有诉说的愿望。事实上，“喜欢说，不喜欢听”是人的弱点之一，“喜欢被认同”是人的弱点之二。如果你在对客户进行催眠引导的过程中，能够掌握这两个人性的弱点，记住“倾听先行”的原则，让客户畅所欲言的同时获得一种认同感，你一定会事半功倍。

销售员诉说之前要学会倾听

我们在与客户沟通的过程中，只有先弄清客户的一些情况，比如是否真的要购买、购买什么价位的产品等，然后再有针对性地进行销售指导，才能事半功倍。而事实上，很多时候，出于防备心理，客户并不会道出自己的真实想法。这就要求我们在诉说之前先学会倾听，进而更准确地找出应对策略，尽快完成销售任务。

学市场营销的小林大学毕业之后，就在一家建材公司做起了销售。由于专业知识扎实，口才好，小林的销售业绩是直线上升。但是，小林有一个致命的弱点，那就是不会倾听，因此流失掉不少客户。

一次，小林去谈一个大型工程，工程的负责人是个40岁左右的男人，他对建材的要求非常高，见了小林之后，直接询问小林所在企业建材的各项指标。小林报了指标后，对方似乎不怎么满意。但由于小林所在企业的且各种政策和条件

都很好，客户也就不再挑剔了。但当小林报出价格之后，客户声音突然提高了八度。后来，无论小林怎么向客户保证建材的质量，对方总是避而不谈实质性的问题，就连之前谈妥的各项事宜，对方也不再坚持了。

小林不明白为什么客户前后态度反差这么大，无论她怎么挽回，客户还是放弃了购买意向。

从这则案例中，我们发现，在销售员小林报出价格后，客户的情绪立刻产生了变化，可是小林却没有发现，也没有听出客户拒绝购买的真正原因，故而流失掉了客户。

可见，销售员在和客户交流时，一定要注意倾听，留意客户言语间细小的变化，洞察客户的心理变化，及时调整策略，最终实现合作。

那么，作为销售员，我们该怎样听，又该听些什么呢？

1.听出客户的性格类型

语速快的人：反应敏捷，但易怒。有时候会对一些无关紧要甚至无意义的小事唠叨不停，也不喜欢听反对意见，喜欢一意孤行。

语速慢、说话沉稳的人：深谋远虑、有耐性，值得信赖。

木讷的人：他们不爱讲话因为不善于讲话，但事实上，他们为人诚恳，所说之话也给人一种实在感，具有说服力，是能信赖的人。

说话音量大的人：性格活泼、明朗，为人正直、不虚假。这种人领导力及责任感兼具，是值得信赖的人。

说话音量小的人：一般来说，具备这种性格的人，若不是气度小，就是擅于谋略。喜欢窃窃私语的人是小心翼翼的，有神经质的性格，有某种秘密，口风密实，是绝不流露真心的人。

说话语气僵硬的人：这种人的处世方式和他们的说话方式一样，做事独裁，希望周围的人都按照他的话去做，若不是如此，就会高声斥喝。

讲话不看对方的人：若不是害羞不敢看人，就是不讲真话，所以不敢正视对方。

说话时喜欢摸下巴的人：这类人比较自信，有傲慢之气，有轻蔑他人之意，具有阴险恶毒的性格。

经常中断他人讲话的人：易怒且反应快，与人讲话常常插嘴，常因武断而造成判断错误。不能体贴对方，是轻率、自私的人。

讲话低沉的人：生活疲惫，体力衰弱，对工作无法决断，生命力弱。

2.留意客户语速、语调的变化

在与客户沟通过程中，如果你发现原本说话速度快的客户突然放慢了语速，或者原本说话速度慢的他突然加快语速，你就要注意了。一般来说，说话的速度放慢了，有可能客户对你很不满意了。如果对方把说话的速度加快了，那么意味着对方心里肯定有鬼，所说的话可能是假的。所以，销售员一定要多加留意，针对不同的情况作出不同的调整。

一般来说，情绪处于平稳状态的人的语调是没有明显变化的。所以，如果你的客户说话的音调突然升高，要么是顾客对你所说的话很吃惊，表示惊讶，要么就是客户在撒谎，为自己找个合适的理由和借口，正所谓强词夺理。针对前一种情况，你要找到合适的解说，让对方接受你的观念。针对后一种情况，你要想尽一切办法，让顾客坦诚一些。

由此，我们可以发现，如果我们不懂得倾听，只是一味地说服客户购买，那么，很可能与客户的本意南辕北辙；而如果我们善于倾听，善于把握客户的真实心理，才能了解客户真正想要什么，才知道如何和顾客达成合作和交易。

从倾听中了解到客户内心的厌恶与喜好

大量销售经验告诉我们，人们总是愿意与那些和有自己共同爱好、兴趣的人沟通，而讨厌与那些和自己有的完全背离人生观、价值观的人沟通。可见，在与客户沟通前，了解客户的厌恶与喜好也就显得至关重要，它在很大程度上是激发客户产生与我们交谈的欲望的前提。所以销售员在与客户见面时，可以先倾听，抓住客户的兴趣，再根据客户的兴趣进行重点沟通。

陈浩楠是一名老年保健品推销员。有一天，他来到一个新建的小区，准备进行推销工作。来到小区花园，他看到小区绿地的长椅上坐着一位孕妇和一位老妇人，他向小区保安打听道："那好像是一对母女吧？她们长得可真像。"小区保安回答："就是一对母女，女儿马上就要生了，母亲从老家来照顾她，父亲一个人在家里。"

陈浩楠来到了老妇人和孕妇休息的地方，他亲切地提醒孕妇："不要在椅子上坐得时间太长了，外面有点凉，你可能现在没什么感觉，等到以后会感觉不舒服的，等生下小孩以后就更要注意了。"然后他又转向那位老妇人："现在的年轻人不太讲究这些，有了您的提醒和照顾就好多了。"听到陈浩楠的话，老妇人好像一下子找到了知音："真难得你这样的年轻人还懂得这些，我都提醒我女儿很多次了，让她不要吃生冷的，不要碰冷水，她就是不注意。我曾经在医院妇产科担任护士，因为工作表现突出，还被医院嘉奖过呢……"在老妇人说这些话的过程中，陈浩楠表现出认真倾听的姿态。

"是吗？太好了！那您肯定知道怎么照顾孕妇和小孩了。我最近也在学习关于这方面的知识，来照顾我爱人，这下子真是找到老师了。"陈浩楠及时回应道。

后来，他们已经把话题从怀孕和生产后的注意事项讲到生产后身体的恢复，再讲到老年人要增加营养，陈浩楠与这位老妇人聊得十分开心。接下来，那对母女已经开始看陈浩楠手中的产品资料和样品了……

我们发现，案例中的保健品推销员陈浩楠之所以能让这位老妇人对自己的产品感兴趣，是因为他先掌握了老妇人关心孕妇的心理，然后从孕妇应该注意的事项谈起，打开了客户的话匣子，并注意积极倾听。在获得客户的认同后，推销产品也就容易得多。

一般情况下，我们与客户刚开始接触时，他们是不会马上对我们的产品产生兴趣的，因为他们还对我们心存芥蒂。而如果我们能够在最短时间内找到客户感兴趣的话题，然后再伺机引出自己的销售目的，那么就可以使整个销售过程充满生机。也就是说，引起客户注意，善于倾听，找出客户的厌恶与喜好，进而激发客户兴趣，让客户感到满意，这是一个好的销售开始的关键。

那么具体来说，销售员应该如何从倾听中挖掘出客户的喜好与厌恶，进而找到与客户沟通的契机呢?

1.集中精力，专心倾听

这是有效倾听的关键，也是实现良好沟通的基础。要做到这些，你应该在与客户沟通之前做好充足的准备，如身体、心理、态度以及情绪等。疲惫的身体、无精打采的神态以及消极的情绪等都可能使倾听收效甚微。

2.不随意打断客户谈话

随意打断客户谈话会打击客户说话的热情和积极性，尤其是客户情绪不佳的时候，打断他说话无疑是火上浇油。所以，你最好不要随意插话或接话，更不要不顾客户喜好更换话题。

3.从人们一般比较关心的话题入手

对此，我们可以根据具体的谈话环境，通过认真的倾听和巧妙的询问，然后进行观察与分析，得出客户关心的问题，继而引入共同话题。比如，销售人员可以从客户的事业、家庭以及兴趣爱好等方面谈起，以此活跃气氛、增加客户对你的好感。

在通常情况下，人们一般都对以下问题比较感兴趣：

客户曾经获得过的荣誉、公司的业绩等；

客户的兴趣爱好，如某项体育运动、某种娱乐休闲方式等；

关于客户的家庭成员的情况，比如，孩子的学习状况，老人的身体状况等；

某些焦点问题或者时事，比如，房价、车价、油价等；

客户内心深处比较怀念或者难忘的事情；

客户的身体，如提醒客户注意自己和家人身体的保养等；

当然，除了倾听与询问等方式外，我们还有必要花费一定的时间和精力对客户的特殊喜好和品位等进行研究，这样在沟通过程中才能有的放矢。

由此可见，成功销售是有章可循、有法可依的。只要你在销售过程中巧妙运用沟通技巧，不断探索总结自身的销售心得，就能在销售交谊舞中做到游刃有余！

不但要认真倾听，还要懂得回应客户

我们都知道，沟通是相互的，销售过程中的沟通也是如此。因此，我们虽然强调引导的作用，但这并不代表我们是销售的主角，相反，我们还要鼓励客户参与到销售中来。尤其是在倾听客户谈话的过程中，要懂得回应客户，在你来我往的沟通中，打动客户，找到客户的需求。

小雪在一家大型图书卖场工作。两年来，她为很多读者推荐了心仪的书籍，可以说是一位非常合格的销售员。

有一天，卖场来了一位30岁左右的男人，他的脚步停留在一堆心理学书籍旁。这时候小雪走了过去，打招呼说：“你好，先生，您是要购买关于心理学的书啊？”

客户回答说：“我随便看看。”小雪知道客户不愿意跟自己说话，于是她站在一旁，并没有多说什么。这位先生又在心理学书籍的书架前翻阅了很久，不知道究竟买哪一本好，显得左右为难。小雪觉得此时时机已经成熟，于是，她再次走过去，对那位先生说：“先生，请问你想购买什么样的书呢？”

客户："我想买心理学的书看看，但是我不知道该买哪一本好。"

小雪："是啊，现在心理学方面的书太多了，不知道您购买心理学书籍是出于爱好，还是其他原因呢？"

客户："其实，我购买心理学书籍有很多因素，我本身就比较喜欢这类的书，以前没怎么看，现在想再买点这方面的书看。另外，我的工作也需要掌握一些心理学基础知识，但我对这方面是一窍不通。"

小雪："要是这样的话，我建议你买这本《心理学基础》。等你了解了基础再买别的吧，因为心理学非常难，买得太难了，根本看不懂，还会给自己造成心理阴影。"

最终，客户选了一本《心理学基础》，高兴地离开了。

我们发现，案例中的图书销售员小雪是个善于找出客户真实需求的人。刚开始，她热情的帮助被客户拒绝后，她并没有继续纠缠客户，而是等客户真正需要帮助的时候再出现。在得到客户肯定的回答后，她开始一边倾听，一边引导客户继续说，进而逐渐让客户主动说出自己想购买的书籍类型，从而很好地帮助顾客做了决定，完成了销售任务。

的确，一个精明的销售员会在销售的过程中，很好地把握听与说的度，在倾听的过程中，给予客户适时地回应，在引导客户说的过程中挖掘出客户的真实需求，从而成功地完成销售工作。

那么，具体来说，我们该如何在倾听中回应客户呢？

1.注意客户的反馈

客户的反馈指的是客户做出的、可以识别的反应，比如，客户摇一下头、皱一下眉或是想要说些什么，这些对营销人员来说，都是购买者发出的信号。

通过自己敏锐的观察和感觉，你可以调整自己的说话速度或者话题。如果你没能注意到这些信号，或是未做出反应，就着错误的或者不完全的沟通。

2.善于激发顾客的谈话兴趣

首先，我们需要做到全身心地投入到倾听客户讲话的过程中，比如，我们应该身体稍稍前倾，以此来展示你倾听的兴趣，不要轻易打断顾客；另外，倾听的时候，要配合轻松、自然的表情，通过点头示意或者鼓励性的微笑，并不时地以“哦”“我知道了”“没错”或者其他话语让顾客知道你对他谈话内容的赞许，鼓励顾客说话。当然，对客户倾听的回应应放在客户说完以后，因为客户一旦在诉说的过程中被打断，一些反映顾客需求、动机、感情的事实和线索就可能会被遗漏，而那些恰恰是能否成功销售的关键。

3.以提问的方式回应客户

变换使用开放式提问，即让顾客可以自由地用自己的语言来回答和解释的提问形式，这是一种很好的获取买方反馈的办法。

4.澄清客户的谈话

在倾听完客户的谈话后，我们要加以反馈，向对方阐明你是如何理解他的意图的。你可以使用这些话语：“我刚才听你说……”“我理解你主要关心的是……”或者“……我说得对吗？”

另外，我们发现，一些销售经验丰富的老手们，还善于利用非语言反馈的方式来引导对方，比如，一个小小的眼神就能起到鼓励客户继续诉说的作用。

大多数人认为销售员拥有一副三寸不烂之舌，而忽视了他们更是一名最佳的听众。如果销售人员不善于倾听，就容易造成误解，甚至无法把握客户的真实需求，而与客户的购买意图背道而驰！

虚心请教，让客户乐于为你提出批评与建议

我们都知道，“好为人师”是人性的一个弱点。孔子说：“人之患，在好为人师表。”每个人都希望得到他人的尊重和敬仰，这一点，不分年龄、性别以及

职业等。法国大作家罗曼·罗兰说：“自尊心是人类心灵的伟大杠杆。”只要你能满足对方的自尊心，你也就掌握了对方。推销员利用人类的这一弱点，尊对方为老师，抬高客户，甚至可以虚心向对方求教，就会使对方心情舒畅，心中充满温暖和同情。对你抱有好感，也就会不自觉地接受你的推销。此时，我们的销售目的也就达到了。

有名电脑推销员叫刘平，一次，他向某大公司推销电脑。工作努力的他，加上平时跑得勤，功夫深，成交希望非常大。但他没料到的是，“半路杀出个程咬金”，在关键时刻，该公司总经理把这件购买事宜交给了一个技术顾问——电脑专家陈教授。经过考察，陈教授私下表示，两种厂牌各有优缺点，但在语气上，似乎对竞争的那一家颇为欣赏。刘平一看急了，煮熟的鸭子居然又飞了？于是，他准备进行最后的努力。他找了个机会，口沫横飞地辩解他所代理的产品如何优秀，设计上如何特殊，希望借此改变陈教授的想法。谁知道，还没等他说完，陈教授不耐烦地冒出了一句话：“究竟是你比我行，还是我比你懂？”这话如五雷轰顶一样打醒了杨平，不过似乎已经晚了。

当刘平垂头丧气地回到公司，向同事诉说这件事后，一位同事告诉他：“为什么不干脆用以退为进的策略推销呢？”并向他说明了“向师傅推销”的技巧。“向师傅推销”，切记客户是你的师傅，抱着谦虚、尊敬、求教的心情去见他，一切的推销必须无形，伺机而动，不可勉强，不可露出痕迹，方有效果。

于是，刘平重整旗鼓，再次拜访陈教授。见了面，他一改自己的说话习惯，对陈教授说：“陈教授，今天我来拜访您，绝不是来向您推销。过去我读过您的大作。上次跟您谈过后，回家想想，觉得您分析得很有道理。您指出我们所代理的电脑，在设计上确实有些地方比不上别人。陈教授，您在××公司担任顾问，这笔生意，我们遵照您的指示，不做了！不过，陈教授，我希望从这笔生意上学点经验……”刘平说话时一脸的诚恳。

陈教授听了后，感觉又是同情又是舒畅，于是带着慈祥的口吻说道：“年轻人，振作点。其实，你们的电脑也不错，有些设计就很有特点。唉，我看连你们自己都搞不清楚，譬如说……”陈教授谆谆教导，刘平洗耳恭听。这次谈话没过多久，生意成交了。

在这则案例中，推销员刚开始向他的准客户热情地推销，但失败了，这是因为他忽略了对方的自尊心，大谈自己产品的优势，试图显得比客户更高明是不会赢得客户好感的。反之，他能挽回败局。将一笔快泡汤的生意又做成，其原因是就是通过向客户求教来引导客户，满足了客户的自尊心，赢得了对方的好感从而成功了。可见，抬高客户是赢得客户好感的一个重要方法。

那么，我们该如何抬高客户来达到我们的销售目的呢？

1.赞美式开场，赢得客户的好感和认同

原一平是日本著名的推销大师，有一次，他去拜访一家商店的老板。

原一平：“你好，先生！”

老板：“请问，你哪位？”

原一平：“我是明治保险公司的原一平，这是我第一次到这里，所以有几件事想请教一下您这位远近闻名的老板。”

老板：“你说什么？你说我是远近闻名的老板？”

原一平：“是的，我走访过几个地方，大家都这么说。说这个问题最好来请教您。”

老板：“哦！大家都这样说啊？真是不敢当，你说吧，到底什么问题呢？”

原一平：“情况是这样的……”

老板：“在外头站着干嘛，请进来吧！”

……

每个人都渴望被别人赞美，获得认同，客户也是。这里，销售大师原一平之所以能成功推销，就在于他在开场时用请教的口吻赞美了对方，他用第三者“大家”的口吻去称赞商店老板“远近闻名”，给老板予以肯定，赢得了老板的好感和认同，接下来的沟通就容易多了。

可以说，与客户沟通，把其放到较高的位置上，并虚心地请教其问题，是一种绝佳的技巧，它往往是打开销售之门的一把钥匙。比如，你可以这样说：

“陈总，我早就听说过您白手起家的故事，我真的很想请教一下您，当时您是怎么决定来创业的呢？”

“听说您是通信方面的专家，想请教一下您……”

“专家就是专家，您提的问题都与一般人不一样，都提到点子上了……”

“张先生，您在营销方面这么有研究，有机会一定当面向您请教……”

“李总，您公司目前在物流服务领域做得这么成功，当初您是怎么想起来开展这项业务的呢？”

2.放低姿态，适当使用讨教的语气求教

我们可以降低姿态，以讨教的语气进行交流，比如，你可以问对方：“请问，您刚才说的电脑的配置，指的是哪些方面呢？”如此反馈，一来会体现出你在认真倾听，二来可以满足客户好为人师的心理，以此来促成销售。

虚心请教是让客户产生优越感、体现自己谦逊态度的重要方式，能以此引发对方的思考和引导对方，创造说话的机会。而且，你也可能会因为让他有了说话的机会，而引发他对你的好感。

美国一位著名的哲学家说：“驱使人们行动的最重要的动机是做个重要人物的欲望。”可见，说话谦逊、抬高客户会让对方听起来更悦耳舒服。这也是我们在销售过程中要使用的一项必备技巧！

倾听有心，接过有利于销售的话茬儿

我们都知道，与客户沟通的过程是一个双向的、互动的过程。鼓励客户多说、积极倾听有助于我们接收来自客户的信息，如果不能从客户那里获得必要的信息，那么销售人员的整个推销活动都将事倍功半。但从另一个方面看，倾听的最终目的是为了服务于销售。这就要求我们在倾听客户说话的过程中多留心，不要为了倾听而倾听，而要及时把话题转到销售工作上。

小马是一名汽车推销员，在一次汽车展会上，他结识了一位客户。通过对这位客户的言行举止的观察，小马分析这位客户对越野型汽车十分感兴趣，而且其品位极高。后来，小马几次试图约客户出来坐坐，就越野车的问题谈谈，但客户总是以各种理由推脱，说自己工作很忙，周末则要和朋友一起到郊外的射击场射击。

小马终于发现，原来客户还喜欢射击。经过打听，果然如此，这位客户曾经还是一名射击冠军。于是，小马上网查找了大量有关射击的资料，一个星期之后，小马不仅对周边地区所有著名的射击场了解得十分清楚，而且还掌握了一些射击的基本功。再一次打电话时，小马对销售汽车的事情只字不提，只是告诉客户自己“无意中发现了一家设施特别齐全、环境十分优美的射击场”。下一个周末，小马很顺利地在那家射击场见到了客户。小马对射击知识的了解让那位客户对其刮目相看，他大叹自己“找到了知音”。

在返回市里的路上，客户主动表示自己喜欢驾驶装饰豪华的越野型汽车，并对一些造型别致、性能好的越野车都进行了一番阐述，小马认真地倾听着。等到客户提到“说实话，现在市场上的汽车在档次与品位上做得实在……”时，小马立即接过话茬儿：“我们公司正好刚刚上市一款新型豪华型越野汽车，这是目前市场上最有个性和最能体现品位的汽车……”一场有着良好开端的销售沟通就这样形成了。

从上述案例中，我们可以看出，销售员小马是精明的，当他发现直接从客户爱好的越野汽车入手并未见到成效时，就转换了一个角度——射击。当他与客户产生共鸣后，客户对他的戒备心也就消除了，此时，当客户谈及自己最喜欢的越野汽车并阐述自己的观点时，小马能巧妙地接过客户的话茬儿，把话题转入到销售问题上。

那么，作为销售人员，我们该如何掌控销售进程，在恰当的时机由倾听转移到销售话题上呢?

1.从关心客户需求入手

在现实销售中，一些销售人员完全站在自己的立场上考虑问题，希望一股脑儿地把有关自己所推销产品的信息迅速灌输到客户的头脑当中，根本不考虑客户是否对这些信息感兴趣。这些销售员，几乎从刚一张嘴就为自己的失败埋下了种子。要知道，实现与客户互动的关键是要找到彼此间的共同话题，这就要求销售人员首先要从关心客户的需求入手。

对于客户的实际需求，销售人员需要在沟通之前就加以认真分析，以便准确把握客户最强烈的需要，然后从客户需求出发寻找共同话题。

2.多倾听有利于销售的内容谈话

对此，销售员需要倾听出以下几点：

（1）核心点：这里的核心点指的是客户最感兴趣的关于产品的某个“点”，也就是能满足客户需求的某个“点”。

（2）情绪点：人都是有情绪的，或欣喜，或气愤，或关注，或冷漠等，客户在与销售员沟通的过程中，也会产生诸多情绪，而当销售员听到客户在话语中流露出有利于购买成交的信号时，就要立刻抓住机会，促成交易。

（3）敏感点：世界上没有无瑕疵的产品，因此，我们的产品或多或少会存在某些让客户不满意的地方，这个让客户不满意的地方，无外乎如价格、折扣、性能、保障、售后服务、购买承诺等。

3.询问客户

销售员如果不询问客户的想法和建议，只顾着自己讲下去，就不会明白客户对产品的真实看法，就不会明白什么地方要加重讲述，什么地方客户并不在意，可以忽略不提。所以，询问不仅可以更好地控制谈话的进程，更大程度地调动客户的兴趣和积极性，而且可以使销售员得到更多的信息，并且这些信息对促成交易有利。

当销售员向客户解释一段后，就应该向客户进行询问，看他可能听进去了多少，听明白了多少，他的看法如何。比如："关于这一点，你清楚了吗？"或者"您觉得怎么样？"这样就给客户提供了一个说明他的想法的机会。

4.确定客户需求后，要及时将话题转到销售上

在确定了客户的需求之后，销售人员虽然可以针对这些需求与客户进行交流，但是这还达不到销售沟通的目的，这就需要销售人员巧妙地将话题从客户需求转到销售沟通的核心问题上。例如："大爷，听说最近又有冷空气要来，今年冬天的天气真是没有往年好呀。您岁数大了，尤其要注意保暖，免得头疼感冒，还可以减少关节炎的疼痛。您看一下这件适合老年人穿的加厚羽绒服，它既暖和又舒适，而且非常耐穿……"

另外，我们在将话题转换到销售上时，要多使用积极的语言，这样在转换话题的时候，会更自然、巧妙，能更好地引导顾客从有利的一面看待产品，促进产品销售。

第7章　掌握赞美大法，运用赞美迅速打开客户柔软的心

心理学认为，人性的弱点之一就是喜欢别人赞美。的确，每个人都喜欢听好话。在销售过程中，销售人员也可以利用这一点进行推销，把握客户的心理，从而顺利接近和引导客户，继而进行产品介绍，最终成功达成购买协议。虽然赞美顾客在销售中必不可少，但赞美顾客也并不是毫无章法的，只有贴切、真诚的赞美，才会让客户觉得你说话中肯，才会对销售产生积极地作用。

运用赞美为销售铺路

人们常说：“人性的弱点之一就是喜欢别人赞美。”因为人类都长着一双爱听赞美之言的耳朵，每个人都希望自己被尊重、认同、肯定等，每个人都会觉得自己有可夸耀的地方。所以，如果销售员能很好地利用客户这一爱听好话的心理，就能成功地接近顾客，进而引导客户，获得客户的好感，那么，成功达成销售目标的机会也就大多了。

然而，赞美客户并不是无迹可寻、毫无章法的，赞美他人最忌讳的就是空穴来风、含糊空泛地赞美，毫无根据的奉承一个人反而会弄巧成拙。因此，我们在赞扬客户时，一定要真诚，这也是赞美的基础。

松下幸之助曾说：“在这个世界上，我们靠什么去拨动他人心弦？有人以思维敏捷、逻辑周密的雄辩使人折服；有人以声容并茂、慷慨激昂的陈辞去动人心扉……但是，这些都是形式问题。我认为在任何时间、任何地点，去说服任何人，始终起作用的因素只有一个，那就是真诚。”

吉拉德是个很会赞美顾客的人，如果顾客和他的太太、儿子一起来看车，乔会对顾客说：“你这个小孩真可爱。”也许这个小孩有可能是有史以来最难看的小孩，但是如果要想赚到钱，就绝对不可以这么说。

同时，乔善于把握诚实与奉承的关系。尽管顾客知道乔所说的不尽是真话，但他们还是喜欢听人拍马屁。少许几句赞美，可以使气氛变得更愉快，推销也就更容易成交。

可见，销售人员一定要懂得运用赞美为销售铺路，我们再来看下面的销售案例：

一天，一家首饰店的柜台来了一位衣着时尚靓丽的小姐，看了很久也没说要买什么。过了一会儿，导购员走过来。

导购员：“这位小姐，请问您看上什么首饰？可以戴上试试。”

“随便看看。”小姐冷冷地回答。

这位导购员明白，如果不能打开这位小姐的话匣，营造不出好的销售氛围，很可能流失这单生意。

这位导购员十分细心，她发现顾客的衣着很有特色，便问：“小姐，您身上的这件米色毛衣好别致，很少看到别人穿，是在××百货公司买的吗？”

“不是，是我男朋友从国外给我带回来的。”这位顾客终于开口了。

导购员：“怪不得呢，样式确实很有特色。您穿上这件毛衣，更显气质了。”

顾客：“您过奖了。”

导购员：“不过……对了，可能你也想到了这一点，这是件纯色毛衣，如果搭配一款毛衣链，效果可能就更好了。”

顾客：“是呀，我也这么想，不过项链毕竟是首饰，我怕选不好，反而画蛇添足了。”

导购员：“没关系，这个问题我能解决……”

在这则案例中，导购人员面对冷漠的客户时，并不是单刀直入地提销售，而是先对客户的着装进行了赞美，使其放松了警惕。接下来，她巧妙将话题转移到首饰上，让客户产生“再配一条合适的项链就更好了”的想法。这样，客户的思维自然进入到了销售员设定的情境之中，这样，销售员最终巧妙地将产品推销出去。

那么，在具体的销售过程中，我们该如何利用赞美为销售铺路，达到我们的最终目的呢?

1.交谈之初可不谈销售

采取“初次交谈，不谈销售而只是赞美客户”的方式，可以打消客户的戒备心理，避免自己的销售行为被掐死在摇篮中，而且也能了解更多的客户信息。这是符合心理学中的首因效应的，能为下次的良性互动和推销的顺利进行创造条件。

2.赞美要有度，不可一发不可收拾

当我们恭维客户的时候，要有度，不能恭维起来就没完没了。否则，不仅会让客户产生厌恶的情绪，还会让我们的销售工作无法插入进来。要让自己的恭维和赞美发挥最大的效力，就要珍惜自己的赞美。当然并不是说不要去恭维别人，而是不该恭维的时候，绝对不浪费，该恭维的时候，千万不要吝啬。这样，才能为我们的销售工作做好铺垫。

3.时机成熟时，插入销售话题

对此，我们要善于观察，比如，当我们发现客户因为我们的赞美之言而露出欣喜的表情或者开始出现不断抚摸产品等动作时，说明我们的赞美起到作用了。此时，我们就可以插入销售话题，向其推销了。

4.将赞美运用于销售中

很多时候赞美是需要你在销售中临时把握的，再完美的计划也跟不上变化。销售员在赞美客户时，应该相机行事，时机不同，赞美也要跟着改变。比如你的客户准备谈一笔生意，开始时你可以称赞他有魄力，中间你可以赞美他毅力十足，能持之以恒，当他谈成生意后，你应该肯定他的成功，这样才能做到得体。

总之，销售员需要记住，销售中的赞美是要本着推销产品的目的为前提的，背离这一本质目的，赞美则会毫无意义!

赞美客户，让客户在不自觉中对你掏心掏肺

我们都知道，每个人都长着一双喜欢听赞美语言的耳朵，这是人的天性。马克·吐温曾说过：“一句得体的称赞能让自己陶醉两个月。”的确如此，当我们获得别人的夸奖之后，不是也反复回味、心情兴奋吗？所以，称赞是绝妙的劝导客户的方法，称赞对方，能让他拥有优越感，当你用真诚的语言赞美对方的时候，他会认为你是一个信任并了解他的人，自然就拉近了你们之间的距离，他所回报你的，便是同样的肯定与信任。这样，无形中对方就会对你掏心掏肺。我们先来看下面的案例。

20世纪30年代，电在世界上并没有普及。有一天，美国一家电气公司的销售员到了一户富有的农家面前，敲响了门。开门的是个老太太，她一听是来搞推销的，二话没说，猛然把门关了。

年轻人并没有放弃，很快地，他再次敲门，老太太只给他开了个门缝，然而年轻人依然礼貌地说：“很抱歉打扰了您，也知道您对用电不感兴趣。所以这次来不是推销电，而是来买几个鸡蛋。”老太太一听，很是奇怪，一个年轻人跟她买什么鸡蛋，但她已经消除了一些戒心，把门开大了一点，探出头怀疑地望着年轻人。

年轻人看出了老太太的疑惑，就继续说：“我看见您喂的几只母鸡很漂亮，鸡窝里的蛋我也看见了，我想买一打新鲜的鸡蛋回城。”

听到他这样说，老太太把门开得更大，并问道：“城里超市不是有鸡蛋吗，干吗非上我这里买呢？”

“因为，”年轻人充满诚意地说，“我妈妈年轻时候就是在乡下住的，她吃不惯城里的鸡蛋，她就说这里的蛋好。”

这时候，老太太已经把门全部打开，走出门口，态度温和了许多，和年轻人聊起鸡蛋的事情。年轻人指着院里的牛棚说：“夫人，我敢打赌，您丈夫养的牛

赶不上您养鸡赚钱多。”老太太被说得心花怒放。长期以来，她丈夫总不承认这个事实。于是，她把年轻人视为知己，带他去鸡舍参观。年轻人边参观边赞扬老太太，并说，如果能用电灯照射，产的蛋会更多。老太太似乎不那么反感了，反而问年轻人，用电是否合算。当然，她得到了完满的解答。

两个星期后，年轻人收到了老太太寄来的用电申请。

这名年轻人乍看有拍马屁之嫌，但实则是对老太太的赞美，而正是因为运用了赞美这一技巧，老太太才逐步对年轻人解除疑心，最终接受了年轻人的推销。

说奉承话也是一种能力，有的人说奉承话可以俘获客户，而有的人拍马屁却丢掉了客户。因此，作为销售员，我们在运用赞美这一技巧引导客户的时候，还应该记住一点，一定要时刻不忘我们的最终目的——销售产品。偏离这一中心的赞美是毫无意义的。

迈克是一家人寿保险公司的销售员，几经周折，他才获得和当地一位大人物史密斯先生半个小时的拜访时间。

一见到史密斯先生，迈克就非常激动地说：“史密斯先生，我从小就听过您的大名，心里万分崇拜你。我想，如果我今天能亲耳听到您的那些传奇故事的话，我会非常荣幸的。”

“年轻人，你今天来不是就为这个的吧？”

“史密斯先生，您可不知道，有多少人做梦都盼着见您一面呢！”迈克越说越起劲，史密斯先生也被他的赞美冲昏了头脑，开始向他讲述自己的创业史。结果，半个小时的时间很快就过去了，迈克满脑袋都是故事，忘记了此行的目的。

在这一案例中，迈克的赞美之言的确起到了打动客户的作用，两人聊得很投机，但迈克却忘了自己的目的。那么，即使他的赞美之言说得再动听，也是没有意义的。如果他能在客户对其产生好感时，适时地插入销售事宜，是很容易达成销售目的的。可见，赞美客户是件好事情，但并不是一件简单的事。赞美客户，不掌握一定的技巧，不懂得恰逢时机地赞美，反而会使好事变为坏事。

无数销售经验告诉我们，人们都是有虚荣心的，没有人不喜欢别人的赞美和奉承。当听到别人的赞美和奉承之后，一般人都会心花怒放，尤其是一些虚荣心比较强的人，更是高兴的不亦乐乎，在这种情况下，满足对方的虚荣心就能征服和俘获对方的心。一位百万富翁曾经坦然地说："我就是喜欢听奉承的话，自己喜欢听，别人也喜欢听。"既然客户有这个心理需求，那么我们一定要抓住这一点来引导客户，让客户对我们掏心窝子，这样，离成功推销也就不远了。

有新意地赞美，别千篇一律

每个人都有自尊，都希望别人对自己的优点有一个肯定的评价。现代心理学认为，一个人如果长时间被他人赞美，其心情会变得愉悦，智商会有所提升。正因为人性中的这一弱点，身为销售员的我们也可以将其运用到销售活动中。在引导客户的过程中，如果你能运用真诚的语言赞美客户，不使人感到虚假或敷衍，那么在他们心里，就会认为你很贴心，自然也就愿意与你沟通，愿意接受你提供的购买建议。所以，我们在适当时候说出的那些看似微不足道的赞美的话，可能会起到意想不到的效果。

赞美是人际交往的润滑剂，能让客户对我们产生好感，但赞美不是一件毫无章法的事，要知道，毫无技巧与新意的赞美不但不能打动客户，还会有奉承之嫌，甚至招来客户的反感，影响销售。

甄小姐原本是个身材苗条的女士，但自从产下第一个孩子后，身材完全走形了。为此，她现在无论买什么衣服，都不像以前那样干脆，而是会反复斟酌，直到自己认为真的合适才会购买。

一次，她去一家服装店买裙子，试了很多个款式，可是总觉得不合适。她站在镜子前感叹道："怎么就没有一件适合我的啊！"

这时候，专卖店的老板走上前去，笑着说："怎么了，美女，你的气质这么好，穿什么衣服都会好看的。试试这件吧，或许更适合你呢。"说着拿过了身边的一条连衣裙。

听了老板的这番话，甄小姐拿过裙子，进了试衣间。换好衣服后，她在镜子前不断地扭来扭去，感觉自己穿上这条裙子还真是挺合适，而且非常的漂亮，脸上露出了满意的微笑。但这时候，老板又说了一句话："真是赏心悦目啊！您身材这么好，穿上这条裙子真的太漂亮了，跟电影明星似的。"

甄女士听完，脸色马上变了，顺便说了一句："您是不是对每个试衣服的女士都这么赞美的啊？"虽然甄小姐用了一个"您"，但老板明显听出甄小姐口中的不悦，因为她已经放下衣服，离开了专卖店。

在这则案例中，我们发现，甄小姐之所以没有购买自己看中的那条裙子，是因为老板那句毫无新意甚至有点不符实的赞美"真是赏心悦目啊，您身材这么好，穿上这条裙子真的太漂亮了，跟电影明星似的"。对此，甄小姐的回答是"您是不是对每个试衣服的女士都这么赞美的啊？"可见，不是任何女士都希望别人夸赞自己漂亮，如何情况不符实，就会显得虚假；即使符实，你的赞美也显得老套，产生不了作用。

在与客户沟通中，赞美这一技巧往往能起到取悦客户的作用，并在客户心里留下好印象，但是，如果我们希望赞美起到最佳作用，最好用点心，使得赞美有新意。否则，毫无新意的奉承话只会增添客户对你的不信任感，拉开你和客户之间的距离。

那么，作为销售人员，我们该如何说才能让赞美显得更有新意呢？

1.赞美要从细处着眼

如果我们的客户是一位女性，一开始就夸对方"你很漂亮"，会使对方感到高兴同时，令她不知所措。所以，要单刀直入的夸奖之前一定需事先扎根，否则只会成为令人难以接受的奉承话。对此，我们不妨一反常态，从一些细节处赞美，比如，对对方所带的东西或饰品等附带的东西进行夸奖，"你的衣服很合身”“饰品很可爱”“发型很有特色”……

这些话表面上是在夸奖东西，事实上是在夸客户有眼光，而被夸的一方不但不会不知所措，反而因为自己的东西受到高估而感到高兴，对方会认为你们在价值观上有很多的共同之处，这样，一下子就缩短了双方的距离。

2.赞美客户的精神层面

①赞美客户的态度和行为

为了在不同程度和不同模式上夸奖对方，您必须准备一些话语，像“言行得体”“活泼大方”“容易亲近”等仔细观察对方，在适当时机套入话语。

②赞美客户的品质

比如，当面对的是一位男士的时候，在销售进行到最后，我们不妨说出这样的话：“我觉得你是位值得尊敬的人”“您是一位好好先生”“我觉得您真是位体贴的男士”……无须修饰脱口而出，让对方得到好印象。

③赞美对方的品位

例如，你可以赞美客户的穿着：“听说您退休前还是一名服装设计师，是啊？怪不得呢，您今天这样搭配就让人觉得耳目一新，您肯定有一套自己的搭配秘诀。”这样赞美通常会让客户心花怒放。

所以在销售中，赞美这一必杀技要真的起到作用，就一定要有新意，这样才能把赞美说到客户心里，会加倍成就他自信的感觉，从而有助于我们的销售工作！

赞美客户要具体，不可空穴来风

前面，我们已经提及赞美在现代销售中的重要性，它是成功接近和引导客户的绝妙技巧。当然，赞美客户并不是无迹可寻、毫无章法的，赞美他人最忌讳的就是空穴来风、含糊空泛，毫无根据的奉承一个人反而会弄巧成拙。因此，我们在赞扬客户时，一定要就事论事，用一些具体而明确的事情来恭维客户，这也是赞美的基础。

那么，作为销售员，我们该如何赞美客户呢?

1.赞美要有根据

销售员在赞美客户时，一定要有根据。这里的根据，指的是赞美要实事求是，要具体，这样的赞美才显得真实，才容易让人接受。那么，哪些是赞美中的“根”呢?其实很简单，我们可以尽量让赞美细节化，避免泛泛之谈。比如，我们在与客户交谈的时候，可以赞美客户的经历、办公室的布置等。

“张总，您部门的小赵说您是一个非常平易近人的领导，真是不假，一见到您，我就觉得特亲切。

2.间接比直接赞美更有效

面对不太适合直接赞美的客户，我们可以选择间接赞美的方式，而这一方式通常更能彰显出赞美的效果。间接赞美的方法有很多种：

①赞美客户最关心的人或事

如果客户是个年轻女士，为了避免误会与多心，不便直接赞美她。这时，不如赞美她的丈夫和孩子，你就会发现，这比赞美她本人还要令她高兴。

再比如，当你发现客户开着一辆与众不同的汽车时，你对客户说：“这车，真好看！”客户自然会高兴，但这并没有真正起到赞美客户的作用，因为车子是否不错是厂商的功劳，客户只是花钱购买。而如果你对客户说：“这车保养得真好！”或“你挑车的眼光真好！”这就真的是赞美客户了。

②借用第三者的口吻来赞美

有时候，借用第三者的口吻来赞美会更有说服力，比如说：“怪不得小张说您越来越漂亮了，刚开始还不相信，这一回一见可真让我信服了。”这样就比“您真是越长越漂亮了”好得多，还可避免恭维、奉承之嫌。

③从否定到肯定的赞美

这种用法一般是这样的：“我很少佩服别人，您是个例外。”这样赞美更显真实。

3.善于发掘客户的亮点，赞美要有新意

真正的成功人士毕竟是少数，更多的是平凡人，他们鲜有卓越的成绩，因此销售员在面对客户时，应该从客户身上的具体事件入手，任何的细微小节都不放过。只有你的赞美深入具体，客户才会觉得你对他足够重视，才能感觉到他所获得的肯定是真实可信的。

4.发挥语言的魅力

语言是一门艺术，赞美也不例外，只有准确把握语言技巧才能很好地说出赞美的话语。要根据对象、时机、场合的转换，用不同的语言措辞，恰当地表达你的赞美之情。语言是销售员与客户沟通的重要手段，赞美要发自真诚，你的用语恰当与否也是一种表现。

总之，赞美客户要落到实处，要找到具体的赞美点，这个赞美点必须是客户身上真实存在的。在赞美时指出细节，说明它的特点，给出自己的评价。这样的赞美会让客户有真实感，认同你的说法，从而改变态度，接受你的引导，最终愿意购买。

从客户的兴趣爱好开始赞美，让客户喜不自胜

现代心理学认为，人们总是愿意与那些和自己有共同爱好与兴趣的人沟通，而讨厌与那些和自己有完全背离的人生观、价值观的人沟通。卡耐基说：“与人沟通的诀窍就是，谈论他最为愉悦的事。假如你希望别人喜欢你、对你产生兴趣，那么，你需要首先谈论别人感兴趣的话题。”

同样，我们在运用赞美法引导客户的时候，也可以从这一角度入手，赞美他的爱好和兴趣，让他产生一种被认同和惺惺相惜的感觉，这样自然会对我们产生好感。当然，在赞美客户之前，我们最好先对客户做一个透彻的了解。

销售员在向客户推销之前，可以通过事先了解或倾听客户说话，发现客户的兴趣，再根据客户的兴趣进行赞美。在一般情况下，我们与客户刚开始接触时，他们是不会马上对我们的产品产生兴趣的，因为他们还对我们心存芥蒂。如果我们能够在最短时间之内找到客户感兴趣的话题，然后再对其兴趣爱好进行赞美，等客户对我们产生好感后，再伺机引出自己的销售目的，就可以使整个销售沟通充满生机。

也就是说，在赞美之前，我们一定要找出客户的厌恶与喜好，激发客户兴趣，让客户感到满意，这是我们要达到的第一个目标。

那么具体来说，我们应该怎样通过赞美客户的兴趣，从而找到与客户沟通的契机呢?

1.细心观察和倾听，发现客户的兴趣爱好

每个人都有自己的兴趣爱好，有的人喜欢看书，有的人喜欢踢球有的人喜欢旅游……不管是谁，只要你细心观察，就一定能发现客户的兴趣爱好。因此，你要想赞美对方，打开销售的大门，就要捕捉到对方的兴趣所在，这是靠近客户的前提和条件。

对此，我们可以根据具体的谈话环境，通过认真倾听和巧妙询问，然后进行观察与分析的方式，得出客户关心的问题，继而引入共同话题。比如，销售人员可以从客户的事业、家庭以及兴趣爱好等方面谈起，以此活跃沟通气氛、增加客户对你的好感。

除了倾听与询问等方式外，销售人员十分有必要花费一定的时间和精力对客户的特殊喜好和品位等进行研究，这样在沟通过程中才能有的放矢。

2.花点心思，多了解掌握相关知识

当你了解了客户的兴趣爱好之后，就要花点心思，去掌握相关的知识。因为别人喜欢它，对它一定十分了解。如果你不掌握相关的知识和信息，在赞美客户时，就很容易露出马脚，引起客户的不悦。所以，我们要细心一些，尽可能多掌握一些与对方兴趣相关的信息，为赢得好感做准备。

3.以讨教的态度赞美

虚心请教是让别人产生优越感并体现自己谦逊态度的重要方式。我们可以降低姿态，以讨教的语气进行赞美。比如，你可以问对方：“后来您对计算机的专业知识认识那么全面，对了，您刚才说的电脑的配置，指的是哪些方面呢？”如此反馈，一来会体现出你在认真倾听，二来可以满足对方好为人师的心理，以此来促成销售。

遇到含蓄的客户，赞美可以温婉动听些

自古有云：“君子羞于口，而善于行。”这种追求含蓄、委婉的审美标准是影响中国人乃至东方人性格内向的重要因素。在销售中，我们也经常遇到这种客户，他们言辞谨慎，不愿意当众表达自己的观点，因为他们信奉“说得越多就错得越多”的逻辑。对于销售员的恭维，他们也比其他客户更有免疫力，为此，我们使用赞美这一技巧难度就大得多。一些销售员会认为，对于这类客户，赞美是不起作用的。其实不然，任何客户都有虚荣心，只是每个人所能接受的赞美的方式不同，对于此类含蓄的客户，如果我们的赞美能委婉动听些，势必也会起到作用。

小王是一名宽带业务销售员。有一天，他给一位客户打电话，向客户介绍后，客户认为帮助不大，因此拒绝并且理由很充分。

客户：“我平时基本不在家，安个宽带也没用，还是算了吧。”

小王："没有关系的，真是打扰您了。对了，陈小姐，您是不是播音员啊？声音听起来特别舒服。"

客户："你怎么知道的？我真的是在电视台的播音栏目组工作的。"

小王："真的啊？看样子我的感觉还真是没错，因为我觉得和您通电话真的感觉很好。陈小姐，您看其他还有什么需要我帮助的吗？"

客户："我前一段时间看到电信宣传的小灵通，你可不可以给我介绍一下？"

小王："好的……谢谢！"

这次通话的结果是这位客户答应先送一部小灵通给她看看。

在这则案例中，销售员小王之所以赢得销售的转机，是因为他即便被客户拒绝，还是在电话中巧妙、委婉地赞美了客户，进而赢得了客户的认可。

的确，那些冷静、含蓄的客户之所以难以对付，并不是他们对于赞美这一技巧不受用，而是他们存在这样的心理：如果不采取相应的措施，很可能就要吃亏。但另外一方面，他们又渴望被人所认可，怕被人误解。这样造成的现实情况就是，他们在内心上很矛盾，是一个矛盾的集合体。销售员可以好好地利用这一点，采取合适的方法对客户进行赞美。

那么，我们该怎样以温婉动听的语言来引导含蓄的客户呢？

1. 以请教客户问题的形式来间接表达赞美之情

在引导这类客户时，要将其放到较高的位置上，并虚心地请教其问题，能满足其某种程度的虚荣心和好为人师的心理，对客户的请教也是一种委婉的赞美方式。

"陈总，我早就听说过您白手起家的故事，我真的很想请教一下您，当时您是怎么做出决定来创业的呢？"

"听说您是通信方面的专家，想请教一下您……"

"专家就是专家，您提的问题都与一般人不一样，都提到点子上了……"

"张先生，您在营销方面这么有研究，有机会一定当面向您请教……"

“李总，您公司目前在物流服务领域做得这么成功，当初您是怎么想起来开展这项业务的呢？”

2.选用非正面沟通的赞美技巧

比如，我们在与客户沟通的过程中，如果错过了赞美客户的机会，在随后的跟进邮件、短信中可以再次表达，如：“和您通话真的很开心，希望下次还有机会向您学习……”这样的效果也非常不错。要知道，间接赞美客户，有时能够获得比直接赞美更好的效果，因为它能够更好地满足客户的自我心理需求。

3.用自己的语言表达出来

在生活中，我们会发现，尽管有些销售员经常赞美客户，却并没有得到客户的好感。这是因为这些套用他人的赞美显得做作、虚假。所以，我们在赞美客户，尤其是这类含蓄的客户时，一定不可照搬他人的语言，而要自己组织语言，以轻松、自然的语气将赞美方式表达出来。

4.在恰当的时候真诚地表达出来

赞美要选对时机才显得自然，同时对于客户的赞美可以适当地加入一些调料，比如幽默。这样更加容易调节气氛，让客户在心里感觉非常舒服。

5.赞美的语言不可太过

一般来说，这类含蓄的客户是比较理智的。那些真诚、恰当的赞美的确会让他们产生愉快的情绪，并对我们产生美好的印象，但太过分就会适得其反。

当然，要运用赞美法来感化此类含蓄的客户的方式还有很多，但关键的一点就是我们一定要发自内心地赞美客户，只有真诚赞美，并将话说得动听一些、含蓄一些，才会更容易让对方接受！

第8章　善加引导与暗示，让客户不知不觉进入到你的轨道

在现实销售中，我们发现，有一些销售员似乎具有一种神奇的本领，只需要一句话、一个动作或者一点点的演技，就会让客户遵从着他的意愿去购买产品。其实，这是因为他们懂得心理引导和暗示的技巧，而心理暗示与引导是基于对客户的购买心理的掌握之上的。如果你也想成为一个能操控客户心理的销售员，不妨从掌握一些基本的引导技巧开始吧！

说话用点心机，让客户在开始时就说“是”

在销售过程中，相信不少销售人员都发现，在很多情况下，我们苦口婆心地劝说客户购买，并不能起到作用，而如果我们能运用心理暗示的方法，对客户循循善诱，让对方自己产生一种心理认同感，让其自己得出结论，往往比我们巧舌如簧的劝解更有效。而在此之前，需要我们加以引导，让客户在开始时就说“是”，这样，占尽先机的交涉也就运筹帷幄了。可见，在引导客户听我们说话的过程中，掌握一定的心理引导技巧，就能立于不败之地。

小李是一家电子产品公司的销售员。为了能完成公司电话软件销售的工作，小李前去拜访一家科贸公司的总经理。这家公司财大气粗，人脉广泛。在沟通过程中，科贸公司的经理提出了不同看法。

客户：“到现在为止，所有厂商的报价都太高了。”

销售员：“所有的报价都太高了？真的是这样吗？”

客户：“是的。”

销售员：“不过，我想您应该不会反对我与您进一步展开合作吧？”

客户：“反对倒还不至于。”

销售员：“那么如果我们有机会再次合作，难道您不觉得我们可以帮助您建立更广泛的客户群吗？”

客户：“恩，很有可能。”

销售员：“您想我们平时买质量优质的手机和传真机，都是为了拥有更好的通话质量，对吗？如果我们的产品通过与您的合作被更多人所使用，那么那些受益者者第一个想到的就是贵公司的名字，对吗？”

客户：“恩，那倒是这么回事。”

销售员：“所以您不反对我们通过和你的合作可以帮助更多人建立起一套更实用的电话系统，是吗？”

客户：“是。”

很明显，小李与客户实现成交的方式就是通过心理暗示，一步步地反问，然后将主题引到销售上来。让客户一直未对产品说一个“不”字，有利于让小李掌握谈话主动权，控制整个销售进程，进而可以让整个销售工作引到自己所希望的路径上来。

事实上，如果销售员在销售开始时就把产品的卖点亮出来，让客户主动说“是”，认可我们的产品，那么，客户对于产品存在的某些无关紧要的小缺点，也就不在意了。

那么，我们该怎样做才能让客户在一开始就说“是”呢？

1.让客户承认产品的优点

每个产品都有自己的优势和缺点，销售员就应抓住产品的优势，把优势暴露在客户面前。

2.给客户一个购买的理由

人们无论做什么事情都是需要理由的，客户购买产品也是为了达到某种目的。因此，销售员在说服客户的过程中，一定要把握客户的心理，抓住客户的内心需求，然后从客户的需求出发寻找共同话题，巧妙地将话题从客户需求转到销售中来，给客户一个实实在在的购买理由，那么客户想不购买都难。否则，即使你费劲口舌，也与客户内心真正的诉求点无法吻合，那么，你所做的任何工作都是多余的。

总之，在销售过程中，最具说服力的技巧无非是让客户自己承认产品优良、服务到位等。让客户在拒绝之前先说“是”，就能有效将客户的拒绝遏制住。

巧妙引导，把握整个谈话的方向

我们都知道，在推销的过程中，要达到的主要目标就是引导客户购买，而这需要我们掌握一定的语言技巧。因此，在与客户交谈时能够控制整体局面，带动整个谈话的方向，也是优秀推销员必备的素质之一。

1975年，著名推销高手、畅销书作家罗伯特·舒克通过电话与“肯德基家乡鸡”的创始人——哈南·桑德斯上校约定了一个会面时间，准备访问他，以作为撰写《完全承诺》一书的资料。当时，桑德斯已经85岁高龄了，他答应去路易维尔机场接舒克，然后两人一起到家畅谈。

飞机准时到达路易维尔机场，舒克走向机场正门，一眼就认出了大名鼎鼎的桑德斯上校，因为他早已在肯德基餐厅门口见过桑德斯的塑像。他热情地向上校打招呼并伸出了手，但是上校却悲叹着说：“今天没办法接受你的访问了，我在冰上跌倒，脑袋撞个正着。”

“桑德斯先生，我真的很高兴看到你。”舒克完全无视桑德斯要取消访问的话，“我实在很抱歉，听到你受伤了。”

“今天早上，我在冰上滑倒，头上一大片淤青。”上校继续说，“但我没办法通知你要取消这次访问，我也不想留你在机场干等，所以我在前去看医生的途中先到这里见你。”

“没有关系，上校。”舒克仍然忽略对方要取消访问的事实。他可没有忘记自己大老远跑过来的目的是什么，因此他要赶紧想办法达到自己的目的。

“哎哟，好大的一块淤青！”舒克看到上校的后脑勺上一块明显的肿块。“我们走吧，让医生替你包扎好，我们就到你的地方去。”

他完全不给上校任何说话的机会，马上转向上校的司机：“车子停在哪里？”

“就在那里。”

“我们走吧，”舒克边说边向车走去，“我们必须先送上校去看医生。”

上校和司机主动地跟在舒克身后，一行三人开车往诊所的方向驶去。在医生为上校的头部稍做处理后，舒克和上校就开始了他们的访问工作。结果，大家度过了愉快的一天。

这里，原本由桑德斯先生掌控的整个谈话大局一下子转变为由罗伯特·舒克掌控，从而达成了谈话的目的。的确，在销售和推销过程中，意外事件简直是防不胜防。但是千万不要泄气和灰心，牢记你的目的，一定要带动整个谈话的方向，一切言行从对方利益出发，提出方案后立即行动，主动积极地去扭转、控制整个谈话局面。

那么，销售人员在销售的过程中，该怎样套出客户的内心想法并予以解决，从而把握整个谈话方向呢？

1.巧用心理暗示

在现代心理学中，暗示法的运用是必备的学习内容，同样，我们可以将其运用到引导客户上。销售员在对客户的购买能力等情况进行一番了解后，不妨对客户进行心理暗示，“夫人，您要是为您的孩子购买一架钢琴的话，周末的午后，您的家里飘荡起您孩子优美的钢琴声，不失为一种美啊！”

另外，销售员在对客户进行一番暗示后，不能急于让客户对购买的产品表态，因为客户需要一些时间思考，让这一暗示真正地进入客户的头脑中，渗透到思想深处，进入客户的潜意识里。利用这些方法给客户一些暗示，客户的态度就会变得积极起来，等到进入推销过程中，客户虽对你的暗示仍有印象，但已不认真留意了。当你稍后再试探客户的购买意愿时，他可能会再度想起那个暗示，而且还会认为这是自己思考得来的。

2.引出客户的真心话

很多销售员在电话这头热情洋溢地推销自己的产品，可是客户以“考虑看看”为由挂断电话。虽然客户这样说，但销售员要明白，客户并不是真正要考虑，而是已经拒绝了你的推销。在这种情况下，倘若推销员认为客户目前还需要时间来考虑，可以日后再来听取佳音，就未免太过死板了！要处理这种状况是有点棘手，因为客户会说出这句话，多半是在推销员已经做了相当多的说明后，就算勉强再运用其他拒绝语言处理，效果也不会很好。

即使客户先前一直表示赞同，但在面临重要关头又退缩时，重提此事只会增加客户的厌恶。所以，销售员必须改变一下方式，从另一个角度去引出客户真正的想法，比如：“我是很想买，但是缴费负担太重”。若能让客户说出真心话，就有希望进一步促成交易。

总之，推销员要懂得调适自己的心态。被拒绝对于销售员来说，是再正常不过的事，不能恐惧被拒绝，要坚强地面对客户的拒绝，引导客户说出真心话。

利益诱导法，制造一些诱惑条件来引导客户

我们都知道，人们购买产品时，在产品价值不变的情况下，都希望价格越低廉越好，或者得到的额外利益越多越好，这就是爱占便宜的心理。如果我们能抓

住客户的这一共有心理，即使客户拒绝购买产品，我们也可以通过多制造一些诱惑条件，来引导客户，进而化解其拒绝的态度，实现成交。

牛阳是北京某大学大二的学生，放假回老家后想利用假期的时间，做一些社会锻炼。于是，他在某超市当起了促销员。

这天下午，来了一位四十多岁的中年男人，想要买小白兔奶糖，问了问价格，觉得有点贵，于是对旁边的售货员牛阳说："能不能便宜一些啊，我要的不少呢！"

牛阳为难地说道："我们超市都是有定价的，总部定的价格就是死价格，我也想给你便宜，但是便宜之后，我们就要把差价补起来。您看这样行不？如果你能买20斤以上的话，我们就会给你赠送一个可爱的新年兔。"

中年男人听了，说："你们也不容易，我买东西，不能让你们付钱。来吧，帮我称上20斤吧。"

在这则案例中，促销员牛阳在面对客户要求降价的情况下，向客户传达了自己的难处，表明商品价格自己并不能做主，并且，他还提出客户购买一定数量的产品即赠送小礼物。这样，客户自然能理解销售员的苦衷，所以不再挑剔价格，一下子买了20多斤的货物。可见，利用客户爱占便宜的心理进行心理暗示，能达到很好的引导效果。

的确，很少人会拒绝免费的东西。我们经常会遇到这样的场景：假如一件外套卖80元，一条裤子卖80元，客户会觉得贵了，但我们告诉客户：如果他要一件外套和一条裤子，就可以以150块钱买走。客户就会想，如果单件买就会多花10块钱，如果组合买就能节省10块钱。这白白节省的10块钱对于爱占便宜的客户来说具有很大的诱惑力，而对于商家来说，并没有吃亏。为什么客户愿意以几乎多一倍的价钱买走两件商品？这是客户爱占便宜的心理在起作用，捆绑销售的策略给了他们一种心理错觉。

所以，如果我们能掌握客户这一心理，想方设法地给顾客造成这种占了便宜的感觉，从而引导客户，那么，成交的可能性将大大增加。

总的说来，可以有以下几个方面进行引导策略。

1.突出商品的优势

在销售中，很多客户会提出你的商品比别家贵。这种时候，我们可以将同类产品进行优势对比，突出自己在品质、性能、声誉、设计、服务等方面的优势，让客户知道贵有贵的理由。人们不是常说“不怕不识货，就怕货比货”吗，在对比当中，客户一目了然，自然会选择物有所值的产品。

2.适当采取措施满足客户爱占便宜的心理

在很多情形下，客户想得到一点优惠，占点小便宜，更多的不是功利上的考虑，而是占到便宜后喜悦轻快的好心情。对付此种顾客通常可先给予小礼物，让对方满足这种心理。客户有了占便宜的感觉，就容易接受你的引导，进而愿意购买你推荐的商品。

（1）提供价格优惠

我们会发现一个奇怪的现象，真正销路好的产品，既不是那些价格昂贵的名牌，也不是那些价格低廉的产品，而是那些大搞优惠、特价的商品。其实，这就是商家利用了顾客爱占便宜的心理。因为促销、优惠的产品都有一个原价，顾客自然会把原价和现价进行对比，这样，他自己也会得出一个结果：优惠并不是天天有，我很走运。即使那些客户根本不需要这个产品，那他也会冲着产品价格上的优惠，选择购买。并且，他们会在心里告诉自己：总有一天，我会用得着的。

（2）发挥赠品的作用

在某科技产品卖场内，有一家小店的生意格外红火，不断吸引前来购买电脑的顾客。顾客一看到杂乱的店面，准备扭头就走。可是，当他们看到货架上陈列的一些小家居用品之后，就停下了脚步。那些从这家小店购买电脑的顾客都满脸喜气，并拿着店主赠送的小礼物。实际上，这家店主并不会主动送东西给顾客，而是等着客户看中后提出要求时，店主才非常“慷慨”地满足客户的要求。在这种情况下，那些买电脑的客户反而觉得是自己占到了便宜。

总之，客户最关心的永远是利益问题，给足客户诱惑的条件，也能化解客户的拒绝，让客户产生及时购买的欲望，但销售人员要注意以下两点：

①注意自己的说话态度和表达方式，不要因为客户的预算不够而中伤客户，更不能伤害客户的自尊；

②要耐得住性子，很多客户在最终购买前，会有很多问题，当我们为客户逐一解决这些问题后，生意也就做成了，千万不能心急。

将痛苦说透，引导客户了解不购买将要遭受的痛苦

人们买东西是因为有心理的需求，搞销售的，就是要把人们的这种需求明显化，然后表现出来，说服客户相信你所供应的产品或服务是物超所值的，这样就起到了引导的作用，赢得了客户的心。

我们先来举一个例子：当你走在沙漠中，如果水用完了，太阳非常的毒辣，你的嘴巴快要冒烟了，这个时候有人过来卖水，哪怕矿泉水是1000元一瓶，你也会花钱买下。因为那不仅仅是一瓶水，而是救命的东西，它的价值远远超过1000元。同样，在销售过程中，我们仅仅让客户发现问题是不够的，还要告诉他如果这个问题不解决，会导致什么样的后果，招致多大的损失，而且必须得到客户的认同，也就是要努力暗示客户，为客户制造痛苦。痛苦感越强，产品在客户眼里的价值就越高，就如同将客户放在沙漠里，你卖水给他一样，这样的矿泉水才会值钱。人们总是先消除痛苦，再追求快乐。产品销售的好坏，完全取决于客户感觉到的痛苦程度。

如果销售业绩不佳，一定是因为销售人员“好的没说好，坏的没说坏”，所以就不上不下，与客户的关系就不冷不热，最后业绩也做得“不死不活”。

李女士和丈夫各办了一家企业。当卖保险的销售员小张去他们家拜访时，李

女士接待了他。

李女士："你好，小张。我们一家人都很认可你这个人，你确实很优秀，不过我不得不告诉你，经过我们一家人的商量，还是决定不买保险了。"

小张："你能告诉我为什么不买吗？"

李女士："因为没必要啊。"

小张："怎么会没必要呢？"

李女士："你可能不知道，我以前是个购物狂，为此花了很多钱。后来，我养成了一个习惯，在购买之前会问自己一个问题，问完之后，我就决定买与不买了。"

小张："关于保险的事，你是怎么问的呢？"

李女士："有一回我去国际商城看到了一个路易威登的包，好几万一个啊！这是一款新上市的包，其实我不是买不起，但我的包已经很多了。那天，当我准备付款时，我一路在问我自己，不买会死吗？我得出的结论是，不会死。有别的东西代替吗？当然有。这次买保险，我同样这样问自己。小张我问你，你让我买保险，如果我不买保险，难道会死吗？"

小张："谢谢您提醒我，李姐。这一点我知道，虽然没有谁会因为不买保险而死，但死的时候会很惨。当然不是你死得很惨，而是那些依靠你的人会很惨。因为你死了以后，他们悲痛万分。你是什么都不需要了，但是活着的人万事艰难，他们需要很多东西，到那个时候你能够给他们的保障是什么？只有保险是唯一的以一换百的保障方法，没有任何代替品！"

最后，沿着这条思路，经过一番对话后，李女士终于在保险单上签下了自己和家人的名字。

情景中的小张抓住了客户这样的心理：掏钱购买产品会心痛，但只有两分痛；如果不买这件产品所造成的后果，有八分痛。在这样的心理暗示下，客户自然会选择购买。

家里的挂钟的指针从12点跑到了3点的位置，如果你遇到了，你会怎么做？

其实，绝大多数人碰上这种情况，都会马上去把它扶正，而且是不用别人提醒的。同样的道理，当客户的现状是歪的时候，我们必须给他树立新的正确图像。否则，客户一旦熟悉了歪曲的图像，他会觉得自己现在挺正常的。

可见，要想让人主动做某件事，必须给他创造一定的需求。

销售员要完成销售工作，就是要为客户做这样的引导：把新图像给他树立清楚，为客户描绘出一个美好的图像。那么人内心深处最根本的需求是什么呢？可以用一句话来概括：追求快乐，逃避痛苦。这是人的本性，所以对于销售人员来说，要对客户做的工作也只有一个：把好处说够，把痛苦说透。

我们一定要学会利用网状激活系统打开客户的盲点。其实，客户一旦开始追寻目标，就能给自己寻找理由，并且比销售人员找到的还要多，客户如果能给自己建立起理由，你的暗示也就成功一半了。

你帮助客户想好图像，实质上就是建立一种意愿，一旦一个人心中有图像了，他就会给自己搜索，然后给自己建立起一种决定。

掏钱总是一件痛苦的事情，所以拒绝就成了一种本能。面对这种情况，我们该怎么办呢？很简单，将不买某件东西的痛苦塑造够，使之超过花钱的痛苦，这样，客户自然愿意接受你的引导，但这就要考验销售人员的个人素养了。

实际上，销售的过程就是一个不断为客户建立心中图像的过程，这也是心理暗示的过程，因为“追求快乐，逃避痛苦”是每个人购买产品的规律，所以我们在为客户建立新图像时，一定要“把好处说够，把痛苦说透”，这样离成交就不远了。

语言暗示，引导客户迅速做出购买决定

我们已经在前文中提及，心理暗示在销售中的重要性。暗示的主要作用是

引导和影响客户的购买心理，进而使其愿意购买。那些推销高手之所以有良好的销售业绩，往往就在于他们懂得揣摩客户的心理，懂得运用一些暗示方法。同样，如果我们能巧妙运用心理暗示来引导客户，是能缩短销售进程、让客户迅速购买的。

小刘是一名生产设备销售员，他有个老顽固型客户。这位客户的工厂里的机器已经陈旧得几乎无法再继续使用，但他就是不愿更换，任凭小刘苦口婆心地分析更新设备带来的利弊得失，他就是不为所动。无奈之下的小刘决定亲自去客户工厂看一看。

来到工厂后，小刘在客户经理的带领下，参观了生产车间。看着那些陈旧、老化的机器，小刘突发奇想，对客户经理说："您知道隔壁工厂这月的生产量吗？"

客户："我知道，我也一直为这事儿纳闷儿呢。以前我们两家的生产量差不多，但最近不知道为什么，他们的生产量突飞猛进。"

销售员："其实很简单，他们购买了我们公司新研发的××牌生产设备，生产效率大大提高。实际上，不仅是他们一家工厂，全市大部分同行业的工厂都购买了我们的设备，我想汪总您也不希望自己落后吧。"

客户很尴尬，之后，在同小刘的交谈当中他一度陷入沉思。最后，当小刘即将离开时，他主动提出想购买一套新的生产设备。

这则销售案例中，销售员小刘之所以能让顽固的客户最终决定购买新的生产设备，是由于他利用暗示的方法，让客户认识到如果自己不购买产品，将会落后于同行和竞争对手，迫使客户心理失衡。

当然，暗示的方法有很多种，我们可以进行总结。

1.动作暗示

我们先通过日常生活中的一个小小的细节，来说明适时促进成交的重要性。

我们都有这样的经验，当我们去菜市场问商贩蔬菜怎么卖，商贩会一边告诉你价钱，一边为你递上塑料袋。这时，你即使觉得商贩报出的价钱有点贵，也会接上塑料袋开始挑选蔬菜。这是一种很奇怪的现象，似乎人们都无法拒绝。

虽然这些小商贩并没有多少销售理论知识，但却是促进成交的高手。其实，递塑料袋这个简单的动作本身，已经是在暗示你做出购买的决定，鼓励你下定购买的决心。

2.语言暗示

“这个礼品多显档次啊，您送给客户，客户一定会很高兴的。”

因为每个客户都希望自己购买产品能物有所值甚至是物超所值，所以他们会对是否购买产品产生动摇。而如果你能这样说，则从其他人的角度暗示客户，他的购买决定是明智的。另外，销售员还可以从以下三个方面帮助客户分析。

（1）应从长远的角度看

你要让客户明白，他的这种购买决策是很英明的投资行为。做出购买决策本身就属于投资，而既然是投资，就要把眼光放长远一点，而不能局限于现在。产品是否买得物有所值不是在短时间内能感受到的，而应该在使用的过程中才能慢慢体会。

（2）反问客户，让客户坚信自己是明智的

你可以这样反问客户“您是位眼光独到的人，难道您现在怀疑自己了？”“您的决定是英明的，您不信任我没有关系，您也不相信自己吗？”还有许多促进成交的方法，在实际的促销过程中需要根据不同的顾客，采用不同的策略。

（3）暗示客户如果不购买可能会造成某种利益上的损失

在销售过程中，我们经常会遇到一些顾客，他们似乎很冷静，总是不为所动。但如果我们能从反面说服，暗示客户如果不购买产品可能造成的某种损失，那么，客户是不会眼睁睁看着自己面临损失而无动于衷的。比如，我们便可以这样刺激他们：

“这是我们厂最后一批A型号经典设备，我们现在生产的所有设备都采用了新的工艺和技术，像这样经典的老设备可就是最后一批了，而且价格如此优惠。

如果贵厂不加快行动，指不定哪个厂家就买去了。”

“酒吧和KTV是最容易发生火灾的地方，而且经常都会出现打架斗殴等事件，必然会使贵公司遭到损失，所以我建议您了解一下我们这份保险业务。”

只要我们能主动出击，巧用语言和动作暗示，掌握销售的主动权，顾客一般都能接纳我们的引导，向我们敞开大门或是立即成交。

第9章　谁都不想被否定，始终认同肯定让客户不知不觉间对你打开心扉

我们都希望被人认同，同样，与客户沟通最重要的一点，就是掌握“赞同别人”这一方法。事实上，这也是我们这一时代智慧的结晶之一。也许，在你的生活中再也找不出像“认同别人”这样一个简单却有效技巧了。的确，作为推销员，我们不得不承认这样一个事实：客户与我们接触之初，往往会存有一种戒备心理，认为销售人员是为其自身利益，千方百计地想把产品推销出去。为此，在与客户沟通的过程中，最重要的任务之一就是让客户逐渐对你打开心扉并信任你。而如果我们能站在客户的角度推销并表达对客户的认同，句句话都说到客户心坎儿里，是能成功说服客户的。

自己人效应：多表达和客户的相似性

心理学上有个“自己人效应”，说的是，如果是自己喜欢的人说的，接受起来就比较快和容易；如果是自己讨厌的人说的，就可能本能地加以抵制。有道是：“是自己人，什么都好说；不是自己人，一切按规矩来。”而从心理学的角度来说，面对心存戒备的客户，我们不妨做个“热身运动”，向对方表达与之共同的爱好、兴趣或者价值观等，那么，便能更容易获得他的好感，接下来的交流也就容易得多。

我们先来看下面的销售故事：

琪琪是一名华裔美国人，供职于纽约的一家大银行，有一次，经理告诉她，

让她准备一份有关某金融机构的秘密文件。琪琪了解到，只有一个人掌握着她所急需的情报，这个人就是该金融机构的总经理。于是，琪琪前去拜访他。

琪琪好不容易说服了秘书，答应为其引见时，秘书提醒说："经理最近在收集邮票，可是今天他没买到，他很沮丧。"

琪琪向经理说明了来意，开始提问。但对方总显得心不在焉，根本无心对琪琪透露半点情报。琪琪愁眉苦脸地离开后，绞尽脑汁想如何能够得到那些情报，突然，她想起一件事，自己的儿子不是也在收集邮票吗？要是拿新推出的某个玩具和他换，应该不是问题。

果然，儿子答应了和母亲的这笔交易。

第二天下午，琪琪带着邮票去拜访那位总经理。总经理满脸喜悦地接待了琪琪，接下来的一小时，他们都在谈论邮票。之后，总经理不仅主动把他所知道的告诉了琪琪，还把相关的文件资料都给了她。

在这则案例中，琪琪是怎么说服这位总经理的？很简单，琪琪带着的邮票与其进行交谈，以此表明他们有共同的爱好——收集邮票，而且对方也很感激琪琪能忍痛割爱，自然也愿意帮助琪琪。

那么，根据"自己人效应"，我们该如何制造与客户的共同点，从而制造一种心理情境呢？

1.察颜观色，寻找共同点

人们的内心世界，包括其精神追求、爱好、生活品质等，都或多或少地从他们的谈吐、举止、服饰或者表情等方面表现出来，只要你留心，就能察觉到一点。

当然，通过察颜观色发现的东西，也要与自己的爱好兴趣结合起来，只有自己感兴趣的内容，才能娓娓道来、打破沉寂。否则，即使发现了共同点，也还会无话可讲，或讲一两句就陷入僵局，打动对方更是无从谈起。

2.揣摩谈话，探索共同点

为了发现陌生客户同自己的共同点，可以在同客户谈话时留心分析、揣摩。

比如，你发现客户和你讲共同的家乡话，你可以以此为突破口，以乡音带动对方的谈话兴趣。

3.多关心对方，从细节入手

要知道，认同感的产生表明你已经赢得了客户的好感。在通常情况下，如果你将这种好感搁浅，你们会返回到陌生人的状态。因此，你不妨多关心对方，这种关系自然会深化。

表示对别人关心的方法很多，记住对方曾经说过的话，然后向对方表示“您曾说过”就是其中一种。可能有些人会问，这是为什么呢？其实很简单，重复对方的话，表明你很在意对方的感受，听进去了他的想法。而不断地称呼对方的名字，往往会使刚认识的人产生彼此已经认识了很久的错觉。另外，记住他的爱好并时常表示一下，也会让他欣喜万分。

4.多强调你们之间的共同爱好和兴趣

只要与客户有共同点，就算再细微的也要强调。人与人之间一旦有了共同点，就可以很快地消除彼此间的陌生感，产生亲近的感觉。这样不但可以使对方感到轻松，同时也更容易使对方说出真心话。

如果客户喜欢集邮，你可以对客户说：“我对邮票也非常有兴趣，可是一直不知道如何收集和分类，您能给我一些好的建议吗？”如果客户的兴趣是打高尔夫球，你就要设法去了解高尔夫球的打法，以及对方喜欢跟什么样的人打球等。如此一来，当你在跟客户沟通时就不怕没有话题，也比较容易和客户拉近关系了。

现代心理学认为，人们都愿意他人接受自己的意见和想法。面对陌生的销售人员，客户难免会心存芥蒂，假如我们先不谈销售，而与客户多谈谈共同的爱好兴趣，往往能拉近与客户的距离。

制造共鸣，让客户产生心有灵犀的感觉

我们都知道，在销售过程中，要想让客户购买产品，就必须说服客户。这就考验了销售员的口才，在通常情况下，20%的销售员包揽了80%的交易。这些销售员之所以能出色地完成销售任务，是因为他们懂得口才的重要性，善于运用高超的说服法，让客户从“不”变为“是”，从“不愿意”变为“我愿意”。

销售员要想说服客户，就要先与客户有一种心有灵犀的感觉，也就是情感上的共鸣。客户在接受了你这个人后，自然也就会接受你的建议。想要和客户达成情感上的共鸣，需要销售员善于观察和搜集资料，然后找出客户的兴趣，以此作为话题活跃沟通气氛，增加客户对你的好感。

销售员在说出自己感受的同时也说出了客户的感受，让客户产生了共鸣，进而顺利地让客户做出购买汽车的决定。这给销售人员的启示是：与其说服客户，不如与客户产生共鸣。

为此，销售员要注意：

1.注意说话态度，以真诚为首要原则

每个人都希望与真诚的人打交道，这是人之常情，客户也是如此。为此，销售员要理解客户的这种心情，把自己最真诚的一面展示给客户，认真地为客户解决问题，因为只有真诚的人才能取得别人的信任。

2.不要在客户面前卖弄自己的口才

在实际销售中，总是有那么一些销售员，为了体现自己的专业水准和对产品的熟识度，也为了提高客户购买的信心，往往在说服客户的时候口若悬河，甚至打断客户的话，没完没了地发表自己的看法。这种做法只能让客户感到销售员的不可一世，会显得很无趣，因为客户说话的权利被剥夺了。实际上，交谈双方要达到情感上的共鸣，就需要一个互动的过程。

3.保持高度的热情

任何一个成功的销售员都有一个心照不宣的秘诀——热情。的确，热情能打破人与人之间的心理屏障，能消除人与人间的隔阂，把人与人之间的距离拉近。而客户也总是喜欢和那些热情的销售者谈生意，因为任何人都希望自己有一个良好的心情。销售员的热情可以从以下两个方面体现。

（1）多赞美客户。这能给客户创造一个符合心意的热情气氛，从而调动客户的积极性，但销售员在赞美的时候，要发自内心，只有发自内心的赞美才能让人乐于接受。

（2）不断介绍丰富的商品知识和新颖的相关信息，这能使客户感到与销售员的接触受益匪浅。

4.注意倾听客户的话

小王开了一家笔记本电脑专卖店，生意一直不是很好。一次，一个客户来到小王所在的专卖店，想买一台电脑。不等客户说了几句，小王就开始推销一款正在促销的机型。他滔滔不绝地将培训时所了解到的产品信息讲给客户，最后才发现这位客户对电脑是一个门外汉。小王将近10分钟的产品介绍除了保修一年外，没有在客户脑海中留下任何印象，因为那一连串的专业术语实在让客户感到一头雾水。

没有提问，也没有倾听，小王根本不了解客户的真正需求，只是按照自己的意愿把知识灌输给了客户，效果可想而知。

每个人都希望自己的意见受到重视，在与人交谈的时候，也希望自己有一个倾听者。在一般情况下，只要有一个谈话的机会，大多数人都不太爱听别人谈话，而是喜欢别人听自己说话。还有一种常见的现象是，大多数人喜欢谈和自己有关的事，而不是和对方有关的事。

可是很多销售员在推销商品时，约70%的时间是自己在讲话或推销商品，客户只有30%的讲话时间。而你若想提升销售业绩，就要学会颠倒这个比例，也就是说，70%的时间让客户说，你倾听；自己用30%的时间来发问、赞美和鼓励他说。只有这样，销售员才能打开推销之门，成为顶尖的销售员。

兵法有云：“攻心为上，攻城为下。”只有你得到了客户的心，他才把你当作合作伙伴，当作朋友，这样生意才会长久，朋友才会越来越多。只有把客户当成了朋友，也让客户把你当成朋友，你的销售之路才会越走越宽。

永远不要否定你的客户

在销售过程中，销售人员被客户拒绝是最正常不过的。的确，任何人在购买产品的时候，都希望能质优价廉，而这就成为阻碍销售进程的重要因素。在客户提出的异议中有些情况真实存在，也有一些是源于客户对产品的不了解。特别是对于后者，一些不够理智的销售员就可能会与客户发生正面冲突。表面上看，这样直截了当的反驳客户是维护了产品的信誉，端正了客户的观点，但实际上，这样做无疑会流失掉客户。

销售员使用不恰当的语言和反驳的语气，是丢失销售机会的首要原因。当客户提出异议时，如果直接遭到销售员反驳，就容易产生不良情绪，对产品也就很难感兴趣，甚至还会对购买环境和销售员产生厌恶感。这样一来，即便产品再好也很难吸引客户的注意了。因此在客户提出异议之后，销售员要尽量避免与客户直接发生冲突，不反驳、不顶撞客户，即便客户的异议真的有问题，销售员也坚决不能否定，使用正确的方法加以处理，保持销售员应有的素质。

肖勤是一家保健仪器公司的销售员，因为刚刚涉足销售领域，所以销售工作做起来还有些手生。这天，她第一次到一位客户家上门推销，希望自己的工作能有所收获。

肖勤：“您好，先生，请问您有时间了解一下我们的产品吗？”

客户：“可以啊，你说吧。”

肖勤：“呵呵，是这样的。您看，这是我们公司新研制的保健仪器，目前刚刚投入市场，非常受欢迎。它对腰椎、颈椎及肩膀都有很好的保健功效，特别适合有颈椎病的患者使用……”

客户：“请你等一下，这个牌子的仪器是你们公司生产的吗？”

肖勤：“对，是我们公司生产的。原来您知道我们的牌子，那就更好了。您以前一定接触过吧？”

客户：“听说过，没接触过。你们的产品谁敢接触啊！”

肖勤：“怎么？”

客户：“听说你们的产品质量经常出现问题，而且价钱也很贵。你们的产品我们可不敢买。”

肖勤：“谁说的，我们的产品从来没有过质量问题，而且还远销欧美、东南亚多个国家，怎么可能有质量问题呢？”

客户：“谁不说自己的‘瓜’甜，质量再差的产品在你们嘴里也能成为优质产品。你们的产品我不需要。”

肖勤：“怎么会？您不能随便相信外面的传言啊。我们公司的产品是有质量保证的，您看这是产品质量鉴定书还有获奖的宣传册……”

客户：“不用看了，用不着你来教育我，自己的产品有问题就不要到别人身上找原因。你还是走吧。”

肖勤：“怎么这么不讲道理，真是的。”

销售员直接否定客户，就如同用一把大刀将销售工作拦腰截断。一旦对客户直接反驳，销售工作就很难再开展下去，销售员再多的努力也将无济于事。那些刚刚走进销售领域的销售员，常常不懂得委婉地表达自己的观点，这是导致他们工作失败的一个重要原因。范例中的肖勤就犯了这样的错误。如果她以实事求是的态度倾听，用婉转迂回的方式沟通，销售结局恐怕大相径庭。销售员应使用先肯定后否定的迂回战术，既表达了自己的观点又不伤害与客户之间的关系，这也是优秀销售员在面对客户提出异议时经常使用的方法。

那么在销售工作中，如果遇到客户提出错误异议，作为销售员应该如何去做呢？

1.以理服人

大部分客户还是明理的，只要销售人员科学地、合理地、有凭有据地沟通，用实实在在的道理说服客户，客户一般都能接受。而这就要求销售员在日常多积累科学知识，加强销售产品相关领域的学习，使自己拥有丰富的知识底蕴，以面对不同需求、有着不同异议的客户。

需要注意的是，在与客户沟通时销售员要时刻注意语言的逻辑型和层次性，使用委婉的语气和真诚的态度，清晰明了地解释客户提出的异议，这样才能达到以理服人的目的。

2.保持友好诚恳的态度

“客户永远是上帝”，这应该是销售人员谨遵的信条。客户提出的异议，难免会让销售员感到懊恼，但无论客户提出的异议多么不切实际，销售员也不要直截了当地否定，而是要拿出销售员应有的热情和诚恳，耐心地与客户沟通。在与客户展开沟通之前，销售员最好将自己的观点在头脑中梳理一遍，剔除掉那些不够委婉的语句，将语言组织得完整、易于被人接受，然后放平心态，拿出真诚的态度去面对客户。

3.向客户拿出事实

很多时候，客户有异议，大多是因为被虚假信息所蒙蔽，或是听信他人的谣言。销售员面对这样的客户，最好的方法就是用事实来说话，用真实、准确、全面的知识和数据来说服客户，从而端正客户的错误观点。不论是权威认证、精确的数据，还是让客户亲身体验，都能在很大程度上起到说服客户的效果。要知道，“事实胜于雄辩”。拿出事实比单纯的辩解更具说服力。

总之，面对客户的提出的异议，销售员一定要注意言辞语气，尽量不与客户发生正面冲突，要使用温和的沟通方法，不露声色地说服客户，营造轻松良好的销售氛围，这样销售工作才能进一步展开。

说话时发自内心地尊重客户

在销售界流传着这样一句话：尊重上级是天职，尊重下级是美德，尊重同事是本分，尊重客户是常识，而尊重所有人是教养。其实，不仅销售员要做到这一点，任何一位职场人士都要做到这一点，尊重他人是开展良好沟通的基础，尊重他人就是尊重自己。

陈奇是一名销售新手，主要销售女士保养品。他是个机灵的小伙子，但常常因为口无遮拦，得罪了不少客户。

有一天，店里的老客户陈女士来了，陈女士和丈夫刚离婚半个月，但似乎心情不差。

这位陈女士是店长的好朋友，陈奇便想过去套套近乎，就主动和对方打招呼：“陈姐，最近皮肤保养得不错啊。”

“哪里有，你真是说笑了。”

“我可没开玩笑，比你没离婚的时候还好呢！”陈奇一说完，陈女士的脸色马上就变了。陈奇也感觉到了，为了挽回自己的过失，他准备弥补一下。

“你看我这乌鸦嘴，其实离婚了也没什么不好，您还拿到了一大笔孩子的抚养费，这也不错。”这话不说倒好，陈奇一说出口，对方的脸色更差了。陈奇知道已无法挽回了，也不再作声。后来，这位陈女士再也没来过店里购买保养品。

遇到老客户，自然需要寒暄一番，若视而不见，不置一辞，难免显得自己妄自尊大。但很明显，陈奇的寒暄之语却适得其反，得罪了客户。因为在通常情况下，人们都有自己一些不愿被人提及的事，如果你不识时务，将这些问题以客套话的形式抖出来，必将会导致客户的反感。

对于销售员来说，最需要尊重的恐怕就是客户了，但销售员同时要明白的是，虽然客户是上帝，但并不需要我们去膜拜，我们要做的就是不卑不亢、不俯不仰，尊重但不能恭维，只有发自内心的尊重客户，也才会赢得客户的尊重。

那么，尊重客户应该从哪几个方面入手呢？

1.尊重要发自内心

只有在心理上有尊重客户的想法，才能做出尊重客户的行动。所以，销售员必须牢记："每个人在人格上都是平等的。"不要因为看不起人就在沟通中用轻蔑的语气，也不能是当着客户一套，背地里又一套，否则迟早会让客户感觉出来你的诚意是有水分的。

2.说话时以诚相待

在与客户沟通时，一定要以诚相待，让客户感觉到自己备受尊重，自然，客户也会敬重你。尊重可以表现在：

（1）言语间的尊重，即吐字清晰、音量要适中，不能给客户趾高气扬的感觉；

（2）客户是上帝，无论客户提出什么问题，都要态度端正，微笑、愉快地回答问题，不要质问客户。

尊重客户说话的权利，别抢话也别插话。因为每个人都渴望被倾听，尤其是那些话语较多的客户，你的倾听会让他有一种被重视的感觉。相反，如果你总是打断他，他会觉得自己的话被人忽视，甚至可有可无、不值得一听。这样，即使你说得天花乱坠，客户也没有感受到你的尊重，也不愿意听下去了。

3.体现你的素质和修养

在销售活动中，销售员的一言一行，甚至不经意的一个眼神都传达着销售员的素质和修养，而且也和销售结果有着密切的关系。销售员在与客户做生意的时候，一定要恭而有礼，这体现的不仅是修养，更是对客户的尊重。笑脸相迎、礼貌坐姿、热情待人、礼貌送行、严格守时，这些都是销售员应该学习的基本行为规范。

4.千万别戳穿客户的假话

每一个人都会有虚伪的一面，情场高手李敖大师曾讲：“千万别去戳穿情人的谎言。”这在销售中也是一样，很多客户为了面子问题，有时候也会对销售员撒一些谎。而这些谎话，不管是善意的，还是恶意的，销售员都不要去戳穿它，自己心里知道就行了，否则就是伤了对方的自尊心，结果可想而知。所以，销售员千万不要以自己能够戳穿客户的假话为自豪，认为自己有能耐，其实，这不过是耍小聪明而已，有时聪明反被聪明误。

5.包容你的客户

人与人之间是有差异的，对于同样一件事可能会产生不同的意见和想法，而尊重别人的意见就是尊重那个人。在销售中，销售员可能会与客户意见相左，不管谁是谁非，销售员都要包容客户，你可以告诉客户“您的观点也是有道理的，我不反对”等。这样，当客户的意见得到了尊重，他也自然会包容你，甚至会被你的气度打动。相反，试图改变客户固执的意见无异于冒险，不留情面地告诉客户的观点和看法是错误的行为，更是沟通中的一大禁忌。

总之，尊重客户就是尊重自己，这是一名优秀的销售员应具有的品质。当然，对于那些存心找麻烦，故意摆谱的客户，销售员也不能一味地礼让，要理直气壮地表达自己的观点，这样很有可能化干戈为玉帛。也唯有如此，才能赢得更多客户的信赖和支持，才会赢得客户对你的尊重，从而使交易进展得更加顺利。

随时恭候，让客户体会到你的用心

“客户就是上帝”，这是从事销售行业的人熟知的一句话。那些还未成交的客户可能并不会购买我们的产品，但我们绝不能区别对待。事实上，这类潜在客户是我们更应该重视和用心对待的群体。俗话说，人心换人心。其实，在客户和销售员之间也是这样的。销售员对客户有几分真心，客户也会相应地回报几分。所以，销售员要想获得客户的认可和关照，就要对客户做到“随时恭候”，让客户体会到我们的用心。

小周是一家食品公司的业务专员。他是个很细心的年轻人，热爱销售工作，业绩突出，但是一直没女朋友。一些爱开玩笑的同事称他之所以会有这样好的业绩，是因为他把客户当成自己的女朋友一样去对待。事实上，也的确如此。

一天傍晚，小周跟客户约好了在郊外的一个度假村商量产品买卖事宜。谈完业务之后，小周和客户都离开了度假村，各自回家了。谁知二人分别之后，不到10分钟，天上突然下起了大雨。小周由于经常跑业务，包里总是放着一把伞。可是那个客户平时都是开车出门，没有这个习惯。

小周想到这里，赶紧给客户打了个电话，正如小周所料，客户被困在半路上的一个小卖部里。小周得知这个消息后，冒着大雨，打着伞亲自前往，把客户送到了家里。而小周因为用伞护着客户，自己的半个身子全部淋透了。

事实上，那天的合作由于价格的问题没有谈下来。可是小周把客户送到家之后，客户二话没说，立即让小周拿出合同签了。从那以后，客户和小周成了无话不谈的朋友。后来，客户还给小周介绍了不少新客户。

业务员小周之所以能成功签单，就是因为他用细心打动了客户。可见，在客户需要帮助的时候及时出现，也是一种绝妙的引导技巧。

而在现实销售中，一些销售员看重的只是合作，他们也只是把客户当成业绩的源头和合作的对象，为了达成协议，他们会想尽一切办法，只要合作完了，就再也没有了联系。销售员这么定位客户，客户自然也仅会把销售员当作合作者而已。而如果销售员们都能和案例中的这位小周一样，随时为客户考虑，尤其在客户需要的时候及时出现，这样客户自然也会把你当成亲密的朋友一样对待。

那么，在与客户打交道的过程中，我们该如何运用“随时恭候”的技巧来影响客户呢？

1.与客户约会时，宜早不宜迟

我们都知道，男女约会时，如果男方迟到，那么女方一定不高兴。正确的做法是男方先于女方出现，这样女方才会高兴，才会觉得男方对她是真心的。和客户见面，也是一样的道理，销售员千万不能迟到，而是要早到，耐心地等待客户。自己多等一会儿没关系，但是千万别让客户等你。如果你迟到了或者让客户等你，那么这个单子十有八九拿不下来，因为你让客户觉得自己根本不受重视。

2.客户有需要时一定要随叫随到

销售员是客户的服务者，客户如果对产品有什么疑问或者是想法，第一时间找的就是销售员。这时候，销售员不管是否上班，是否在忙，都要在第一时间为客户解决疑问，帮助客户处理问题。只有这样，客户才会觉得销售员是认真负责的，彼此之间才会有一个长期的合作和发展的机会。

3.承诺客户的事情一定要做到

与人交往，一定要做到一言九鼎，只有这样才会让对方觉得你值得信任。和客户交往也是一样的，承诺客户的事情一定要做到，如果因为这样那样的原因而食言了，那么客户对你的信任就会大打折扣。这就给以后继续合作和交流埋下了隐患。所以，销售员要尽量履行对客户的承诺。如果因为客观原因而没办法做到，也要向客户诚挚地道歉，以获得客户的原谅。

4.合作结束后，关心一定要时时到

即使与客户的合作关系结束了，销售员也要时常地关心客户，让客户感受到你的那份真诚和关怀。这样一来，客户会被你的真心所感动，就算是在售后过程中出现了一些无伤大雅的小问题，客户也不会给你添麻烦。事实上也只有这样，客户才会跟你有一个长期合作的机会。所以，销售员千万不要吝啬自己的关怀，时不时地打个电话或者发个短信，询问一下产品的使用情况，让客户听到你的声音，从而常常记着你。这样，你不仅能做到很好地维护与现在客户的关系，当客户对你的人品以及产品都认可的时候，也会为你介绍更多的新客户。

总之，销售人员若想成功将产品推销出去，就要以情动人，用你的真情引导客户，用你的关心俘获客户的心，不要吝啬你的关心和帮助，让准客户随时感受到你的存在，自然会取信于你！

下篇 如何做顾客才会买

第10章　深谙叫卖学问，产品展示中就要激发客户的兴趣

现代社会，销售行业竞争的日益激烈，千奇百怪的商品，无疑给销售员们的工作带来了难题。如何为客户展示出产品与众不同的品质、如何让客户对产品产生信任，就成了销售员们工作的重点之一。展示产品就要别出心裁，让客户亲身感受产品的效果，才是让客户心服口服的最佳方法！

全面了解你所推销的产品

销售人员要想成功地打动顾客，就要将产品的优越性以最吸引人的方式或语句展示给顾客，因而销售人员自己应先对所推销的商品有一个正确的、透彻的认识。销售员不妨切身体验产品，然后以自己的切身经验打动客户。以拥有百年历史的“雅芳”公司为例，这个业务遍布五大洲、二十多个国家和地区，营销代表逾二百万人，年销售额达几十亿美元的公司，对旗下的销售人员有一条不成文的规定，即每个推销“雅芳”产品的人都必须是“雅芳”产品的用户。因为切身体会才能对产品有更透彻的了解，包括产品的不足，了解这些后，就具备了最有说服力的底牌。因为只有真正了解了产品，才会对顾客所提出的与产品本身紧密相关的问题做到心中有数、应对自如。对此，我们不妨先来看看下面的销售案例：

在某商场的电器专区，来了一位女顾客。

顾客：“你好，小姐，为什么这台微波炉比那台贵那么多？”

销售员：“因为这台比另一台要好一些。”

顾客：“我当然知道这台更好，我是想了解它到底好在哪里，有什么更好的地方。”

销售员：“嗯，这个我不知道，我只负责销售。”

虽然只是一个商场售货员，但要想成功地卖出产品，还需要具备一些业务素质。很明显，这位销售员做得明显不够到位。

对于销售人员来说，仅仅博得客户的好感是不够的，更重要的是要赢得客户的信任，使其最终购买你的商品才是最终目的所在。因此，有关商品的专业知识是销售人员必须掌握的。业务素质应该是销售人员应具备的基础素质。

销售人员必须让自己成为最熟悉产品的人，也就是产品的专家，只有这样才能应付任何关于产品的问题，正如人们说的：“如果说，销售95%靠的是热情，那剩下的 5 %靠的就是产品知识。”同时，只有具备了专业的、丰富的产品知识，销售员才能信心十足，才能产生足够的热情，成为销售专家。其实，很多销售高手最值得骄傲的，不是自己的销售业绩，而是他们具备在其产品或服务方面的渊博知识无人能及。

因此，销售人员在进行推销之前，一定要对产品的以下基本特征有充分了解。

1.产品的名称

产品名称的来源必当是有一定意义的，销售员必须明白这一点，因为很多客户会无意中问到这个问题。实际上，有些产品的名称本身就具有特殊的含义。这些名称就包含了产品的基本特征，有可能也包含了产品的特殊性能等。

2.产品的技术含量

产品的技术含量指的是产品所采用的技术特征，对此销售人员应该心知肚明。在销售时，要扬长避短，尽量将产品的技术含量告知客户，可以弱化但不能隐瞒其不足，要引导消费者正确认识产品。

3.产品的物理特性

物理特性也就是产品的一些外在特性，包括规格、型号、材料、质地、美感、颜色和包装等。

4.产品的效用

客户最关心的永远是产品能给自己带来什么好处和利益，关于这一点，销售员必须要予以重点说明。在说明时应该注意以下几点。

（1）产品卖点：指的是产品的与众不同之处，也就是能产生特殊效用的地方，包括产品蕴含的新功能、其他产品所无法提供的功能等。

（2）品牌价值：在现代社会，品牌意识已经出现，消费者比过去更加注重产品的品牌知名度。

（3）性价比：这是理智的消费者会着重考虑的因素，他们一般会以最公道的价格买到最实用的产品，并且，在购买某些价格相对比较高的产品时，这种考虑会更加深入。

（4）服务：产品的服务不仅指的是售后服务，还包含销售前的服务和销售中的服务。

利用比较，巧说出产品的与众不同之处

在介绍产品的过程中，客户免不了会有一些反馈意见。但有时候，我们会发现，客户总是觉得我们的产品不够好，这也正是让很多销售员头疼的问题。因此，销售员对客户的意见不能轻视，更不能心存芥蒂。因为俗话说得好，对你的销售没有意见或者不嫌你货的人，往往是走马观花的看客，他们是不会把精力浪费在你身上的。其实，客户嫌货是因为客户没有对同类产品的价格或者是对同等价格的产品有比较系统、全面的了解。只要我们善于对比，自然会消除客户对价格的疑虑。

客户：“听你这么说，我觉得你们的产品挺好的，但我还是觉得M公司的设备比较符合我们的要求，而且他们的价格比你们的要低得多……”

销售员：“的确，他们公司的产品价格比较低，而且他们的设备也不错，但是我们的产品更适合你们。因为贵公司每年的维修费都是一笔巨大的开支，产品的使用寿命是贵公司需要考虑的关键问题，又加上贵公司的生产方式需要一种高性能、高效率的设备，而且需要考虑设备长久的资源利用率，我们的公司的产品刚好可以与贵公司的旧设备共同作业。您觉得呢？”

客户：“嗯，你说得也有道理。可是，你们公司设备的价格与他们产品的价格相差甚远，而他们公司的设备质量也不错。”

销售员：“他们的质量确实不错，这是一份产品的故障调查报告，我们的设备故障率只有1.2%，不知道对方有没有这样一份故障调查报告。据我所知，他们的故障率一直都是在5%左右。这样算下来，贵厂将会为此多付出几万块。”

情景中的销售员运用的就是对比的方法，让客户看出了产品的优势，经过综合考虑后的客户必然会做出正确的选择。

世界上没有完全相同的两片叶子，也没有完全相同的产品，有分别自然就有优劣之分。因此，在介绍产品的过程中，销售员运用比较的方法就能突出产品的特点和优势，对于说服客户有很大的作用。

对比的方式有很多种，一般来说，对比有横向对比、纵向对比、同类产品对比、不同类产品对比等几种方法。而通常情况下，最常见的是向客户对比不同种类产品的优势，或者将竞争对手的产品与自己的产品进行对比。另外，我们除了对比产品的价格外，还可以对比产品的性能、服务等，但无论是运用何种对比方法、对比产品的哪些方面，都是在传递同一个信息，那就是产品的优势。通过对比让客户找到最满意、最适合的产品，从而加深客户的购买欲。

总的来说，有以下几种对比方式。

1.价格对比

这种对比方法可以说是最常见的，是销售人员用所推销的产品与同类产品进行比较，用较高的同类产品价格与所谈的产品价格作对比，从而让客户感觉便宜的方法。运用这一策略时，我们还需注意。

（1）销售人员手中至少要掌握一种价格较高的同类产品，当然，掌握得越多越好，这样才更有可比性；

（2）对自己的产品要有信心。这就要求销售员在听到客户批评自己或者自己的产品时，能做到耐心倾听，并相信自己的产品，等客户批评完之后，再予以解释，巧用价格比较。这也体现了一个销售员的修养问题，然而，很多销售员在介绍产品时，一听到客户抱怨产品，就按耐不住心中的怒火，有的甚至和客户理论起来，这是断不可行的。

（3）把握客户心理，让客户自己在内心作比较。销售员在做价格对比的时候，最重要的还是要把握客户的心理。对比出效益，当我们就产品的价格进行对比之后，并不需要过多地进行进一步的解释，而是要让客户自己在内心作对比，客户自己得出结论远比我们告知他们妙得多！

2.价值对比

客户："你们的设备还是不错的，但是产品的质量，我们还是有点不放心。"

销售员："这一点，您完全不必担心，我们的产品是国家质监部门多次检验合格的，设备的合格率是90%以上，而且就这同一型号的设备，我们生产的合格率达到了95%，而其他公司的产品才85％"

客户："是吗？"

销售员："是的，您看，这里我带了关于产品质量合格的证书、检测报告等……"

客户："是这样啊。"

销售员："截至目前，我们这款产品已经在全国一百多个城市热销，月销售量达到一百万台，而到目前为止，我们也没有接到来自客户的关于设备质量的投诉。所以，您大可放心购买。"

在这段案例中，这位销售员就是从人们最关心的产品质量的这一心理出发，将自己的产品与行业内的其他产品进行对比，让客户消除了对产品质量的疑虑。

总之，在介绍产品的过程中，在客户有购买需求的前提下，只要我们巧用对比，让客户感觉到物有所值，客户一定会放心购买。

挖掘卖点，不要为介绍产品而介绍

在销售过程中，我们通常会遇到这样的情况，无论我们怎么陈述产品的优点、劝谏客户购买，客户都提不起兴趣，最终还是放弃购买。很多经验尚浅的销售员会在这时选择放弃推销或者继续喋喋不休地向客户推销产品。而实际上，这两种做法往往都是无效的。原因是什么呢？主要是销售员只是为了介绍产品而介绍，而这种介绍无异于产品说明书。此时，如果我们能转换一下介绍产品的方法，尽量向客户陈述产品的卖点，用产品的卖点打动客户，那么情况可能就截然不同。

小李是阳光通讯公司销售代表。最近他要推销公司的宽带，这天，他向一个潜在客户打电话。

“您好，我是阳光通讯公司的小陈，听说您最近买了新房子，您有安装宽带方面的需求吗？”

“哦，不好意思，我大部分时间都不在家里，所以宽带基本上用不着。”

“没关系的。对了，小姐您的声音真是动听啊，和您通话我真地感觉很舒服，请问您是在电视台工作吗？”

“你怎么知道的？我就是在电视台担任播音员，所以每天都很忙。”

“刚听到小姐的声音就觉得很动听，与您说话真是一种享受。请问小姐是跟家人一起住吗？”

“我爸爸跟我住。”

“原来是这样啊，那我建议小姐可以安装一下宽带，因为您想，一个老人单独在家，他会孤独，而且，现在老人上网已经是一种流行趋势。最重要的是，我们的宽带年费很便宜，您只需要一个月花费八十元就行了。”

“是吗？这还挺便宜的，要不，你周末来我家安一个吧。”

“好的。”

案例中，在客户表明自己并不需要宽带服务后，小李并没有就此放弃，而是继续与客户通话，并利用真诚的赞美获得了客户的好感。此时，面对小李再询问是否和家人一起住，已经消除戒心的客户自然会真实回答。聪明的小李便从此处下手，找出了客户的购买需求，然后，他再强调宽带服务费便宜的最大的卖点，于是客户就欣然接受了。

可见，我们在推销的时候，一定要学会变通，不要为了介绍产品而介绍。要知道，我们的最终目的是满足客户的需求，如果背离这一点，我们的销售业绩只能停步不前。

这则案例同样给我们一个启示：只有充分向客户展示产品的卖点，并挖掘出客户的需求，才有可能令客户动心，最终达成购买协议。那么，具体来说，我们该怎么做呢？

1.提问法可以帮助我们了解客户的需求

在介绍产品时，如果我们发现客户对我们的介绍不感兴趣，我们就要思索：我们的产品是不是不能满足客户的需求呢？此时，不妨通过提问来获取答案。这里，提问的方式有两种：开放性问题和限制性问题。开放性的问题可以获得大量的信息，但也容易跑离谈话的方向。限制性问题可以引导谈话方向，但是会产生被盘问的感觉。

准确了解客户对产品的需求后，再围绕客户所需要的产品展开介绍和宣传。了解客户基本需求是导购人员与客户第一次接触首先要明确的问题。

2.介绍时突出产品的特点与个性之处

随着市场经济的发展，人们对产品的要求也逐渐提高，并逐渐钟情于那些另类、个性、具有特殊卖点的产品。一旦他们认识到我们的产品具有这些特点，就会难以放弃，他们可能认为再也找不到这样的产品，从而产生很好的情感归属。因此要想留住顾客，不让我们的顾客被竞争对手抢走，我们首先要学会满足顾客的需求。增添产品个性化的语言是提高其市场竞争力的主要手段。

3.要引导客户的需求到自己的优势上来

在销售当中，谁是产品专家？应该是销售人员，因为产品是他们每天都在接触的对象，他们对于自己产品优缺点的了解胜于客户。案例中的销售员小李就很会巧妙过渡，将客户家人的需求过渡到自己的产品服务上，从而让客户对自己的产品服务产生认同。

总之，无论我们的产品质量如何、高科技成分多么发达、经营的策略多么先进，我们都需要以最恰当的方式传达给客户，而不是为了介绍产品而介绍，否则我们的介绍和产品说明书就没什么不同。要想真正留住客户，就需要我们满足客户的个性化心理需求！

推介产品时要扬长避短

销售人员都知道一个道理，虽然客户都希望购买到质优价廉的产品，但十全十美的产品是不存在的，在价格和质量上一般都存在一些冲突，而如何将这种冲突降低到最小，就体现了销售员的嘴上功夫。在向客户介绍产品时应扬长避短，抓住产品的优点，突出产品的长处，以此来淡化产品的劣势。

在一家超市里，客户拿着一瓶罐头对销售员说：“你们这里的东西似乎比别的地方贵。”销售员不高兴地反驳道：“怎么会呢？这种罐头在这里的售价是最低的啊！”客户：“你们这里的青豆罐头就是比别家的贵了一块钱呢！”销售员：“哦，你是说绿王牌的吧。那是次等货，品质不好，我们已经不卖了。其实，吃的东西不像别的，一般有钱人都用这种牌子的，豆子色泽好，味道也好。”客户：“还有没有其他的牌子？”销售员：“有是有，不过那都是中下等的牌子，我拿给你看看。”客户面带愠色地说：“算了，我不要了。”

“嫌贵才是买货人”，这是销售界的一条至理名言，客户在购买产品的时候，都会有意识或无意识地觉得产品贵，这是常理。案例中的这个销售员的做法明显是不正确的，他这样说明显会让客户感觉到产品便宜肯定是次等货，只有没钱的人才会购买。客户一听，自然感到不舒服，更不会买你的产品。当遇到这种情况时，销售员可以从另外一种角度介绍，让客户感觉这类产品虽然有缺陷，但却是最适合客户的。而对于那些贵的产品，销售员应该说虽然这个牌子价格有点贵，但品质有保障，而且味道非常好。假如客户还是不接受，就给他推荐相对来说物美价廉的产品。

那么，在介绍产品时，该怎样扬长避短呢？

1.扬产品之长

每个产品都有自己的优势和缺点，销售员就应抓住自己产品的优势，把优势暴露在客户面前。

2.避产品之短

俗话说：“金无足赤，人无完人。”没有产品是没有缺陷的，这一点，客户也明白。因此，销售员不要认为，把产品的缺陷告知客户就是一件赶走生意的事。其实，你可以委婉地告知客户这些缺陷，但在向客户讲述产品的短处时，你不但要做好充分的心理准备，还要准备一套完整的说辞，以应对客户的提问。让客户在心平气和的状态下接受，比隐瞒客户更奏效。

3.弱化那些无法实现的需求

客户并不是无知小儿，即使把产品介绍得再完美，客户也会知道，在这个世界上，没有哪一件产品是完美无缺的，推销的产品在某些方面达不到理想要求，也是不可避免的。如果你的产品达不到客户的要求，你可以从两个方面来弱化这些无法实现的要求。

其一，只提差价，弱化付出。这种方法适用于很多产品的推销，如“只要多付×元，您就可以让您的孩子享受到轻松便捷、效率高的学习方式。”其二，贴近生活，弱化付出。销售员可以从大多数人的生活习惯出发，如“您只要每周少抽一包烟，购买这个产品的钱就出来了。”

4.让客户坦然接受产品短处

客户对产品的优缺点有了全面的把握，才会对产品更放心，因为客户也知道世界上没有绝对完美的产品。因此，销售员把产品的缺点对客户坦诚相告，反而会取得客户的信任，但销售员要注意将客户的眼光引向产品的优势，这样，客户就能坦然地接受产品的短处。

总之，当有多种同类产品可供客户选择时，销售员最需要做的就是扬长避短地介绍自己的产品。如何把自己的产品与其他厂家的产品作比较，让客户“选我”而“舍他”，就需要销售员有一定的技巧了。介绍产品时扬长避短的学问需要销售员在工作中慢慢体会，一旦掌握此技巧，销售员的工作会事半功倍。但销售人员还要注意：

（1）产品的卖点也就是产品的优点，但这并不代表产品就能解决一切问题，优点也是相对的，销售员不要夸大长处，而要实事求是。

（2）要针对客户的实际需求来展开，而不是一味地强调长处，因为这里所谓的长处，并不一定是客户最需要的。

（3）避短不是隐瞒短处，而是把短处委婉地讲给客户，并让他们接受。

鼓励顾客参与产品的演示

人们常说："耳听为虚，眼见为实。"相比销售员所说的，客户更愿意相信自己的眼睛看到的，更愿相信产品带给自己的真实感受。也就是说，如果我们能积极创造出让客户参与产品演示的机会，让客户用视觉、嗅觉、味觉、触觉等感觉亲身体验产品，一旦客户对产品有了一些切身体会，他们就更容易联想起拥有产品之后的感受，就能很快明了产品给他们带来的好处。所以，对于销售员来说，完全没有必要不舍得让客户使用自己的产品，客户只有亲眼看到效果，亲自感觉到产品的好处，才能乐意购买产品。

也许你的产品本名不见经传，客户根本没有听过，也许你的产品没有打过广告，但质量远比那些家喻户晓的产品好得多，也许……但你的客户并不了解，那么，你该如何让客户相信你的产品？这时候就只有一种销售方式可以帮助你，那就是体验式销售，推销大师乔·吉拉德就是这方面的行家。

这天，乔·吉拉德所在的汽车展厅又迎来了一位客户。经过沟通和了解，乔向她推荐了一款合适的车型。那位客户看着崭新的汽车，左转转右转转，好像非常欣赏。

"夫人，如果您不介意，可以坐上去试试？"

"是吗？你们对面的福特车行，每款车上都写着'请勿触摸'，你们的车可以试试吗？"

"当然可以！"

这位女士坐在驾驶座上，握住方向盘，触摸操作一番。从车里出来后，那位女士说：

"不错，新车的味道真好！"

"那您决定买这辆车吗？"

"哦，我再考虑考虑，好吗？"

“亲爱的夫人，您可能还不知道这辆车驾驶起来有多么地舒服。您愿意把它开回家体验一下吗？”

“真的吗？”这位女士感到不可思议。

“当然，没有任何问题！”

后来，这位女士决定购买这辆车，因为她把车开回家之后，丈夫、孩子和邻居都赞不绝口，这让她感到很满足。

可以说，乔·吉拉德可以成功推销这辆车，是因为他在让客户参与方面做得很成功，让客户了解到了这款车的方方面面，满足了客户的好奇心。其实每个人都有很强的好奇心，特别是对自己不太了解的产品，都喜欢亲自接触和尝试。

不论你推销的是什么，都要想方设法展示你的商品，而且要记住，让顾客亲身参与，如果你能吸引住他们的感官，那么你就能掌握他们的感情。

销售员在介绍产品的过程中，通过让客户体验来让客户信服产品的质量，直观的、实地的演示向客户传达了感性的体验，这不同于单调生硬的说明书，具有及时、生动和有效的特点，能引发客户的购买动机，直接刺激客户的购买欲望。因为，无论你对产品的介绍是如何美妙，客户心中总是存有疑惑的，不如让客户亲身体验产品来得痛快。客户亲身体验产品，还可以省去销售员口舌，产品的性能和特点都在客户体验中表现出来，不需要你费尽心机去说服客户。

那么，如何让客户参与到产品的体验中呢？

1.要告诉客户“买不买没关系”

很多时候，客户因为戒备心理会拒绝体验产品，他们认为销售员会为了推销而推荐产品。对此，销售员不妨主动打消客户在体验产品前的顾虑和芥蒂心，让其毫无防备地试用产品，并告诉顾客“买不买并没关系，看看效果而已”。比如，我们可以这样说：

“先生，一样的衣服穿在不同的人身上效果却不一样。我说得再好，如果您不试一试是看不出效果的。以您的气质和身材，穿这件中号、藏青的，效果一定不错。嗯，光说是不行的，一定要穿在身上才能看出效果，其实买不买真的没关系，要不您过去试试？”

2.引导客户参与到体验产品的互动中

在通常情况下，单纯地劝说客户体验产品远比不上引导的效果好。而销售员一定要在这种引导的过程中，采取一些互动措施。因为客户是不会主动告诉你自己对产品存在哪些不满的，我们要引导客户说出来。如果没有互动这个环节，那么客户会把这些疑问搁置，最终结果只会是：即使客户在你介绍的过程中对产品产生兴趣，最终也会丧失这种兴趣。因此，销售员只有不断和客户互动，及时发问，才会了解客户的想法并很好地引导客户的思维。发问会让客户参与其中，对产品的感受更加深刻。

3.即便顾客不购买，也不要不满或抱怨顾客

当客户试用完产品后，可能会表示不购买。此时，销售员若说“真的很适合，您就不用再考虑了”或者直接收起产品，这都是错误的对应，都体现了一种抱怨与不满的情绪，这是绝对不应该有的。因为这种消极的情绪和想法，对于积极成交和提升业绩没有丝毫帮助。不仅如此，还可能会与顾客发生争执，这更是得不偿失。

总之，一个好的演示一定要让顾客参与其中，乐在享用商品的感觉，从而由衷地称赞商品带给他的享受。作为销售员，如果你能劝服客户试用、体验产品，就能对客户的真实想法做进一步的了解，从而能对症下药，为下一步的销售工作打好基础！

第11章　销售中的价格问题如何解决，巧言让客户接纳你的报价

价格情结，大概是生意人永远的一种痛。要想有效地规避这种痛楚，我们就要打好价格战，可以尝试着在报价和还价两方面努力。一方面，销售谈判决不能打无准备之仗，一定要了解客户的价格底线，以此决定自己该不该对他报价，报什么价；另一方面，在讨价还价过程中，我们要突出产品以及与产品销售相关的所有优势，让顾客由衷地产生一种“仅此一家，别无分店”“花这种钱值得”的感觉，否则，将是说而不服。这些都是有效应对客户讨价还价的方法。

报价不要太直接，先要摸清客户的底线

任何一位顾客都知道一分钱一分货的道理，但为什么在现实销售中，当顾客听到我们报出的实心价的时候，却总是觉得价格太贵，无法接受？其实，这是因为我们的报价和客户心里的底线有差距，甚至差距很大。为此，我们在报价时千万不可直接，而应该先摸清客户的价格底线，只有这样才能降低甚至是消除客户的价格异议，最终实现成交。

当我在印度尼西亚巴厘岛度假的时候，看上了一个木雕。

“多少钱？”我问。

“两万卢比。”

“八千！”我说。

“天哪！”小贩用手拍着前额，做出一副要晕倒的样子，然后看着我，“一万五。”

“八千。”我没有表情。

“天哪！”他在原地打了一个转，又转向旁边的摊子，对着那摊子举起手里的木雕喊：“他出八千！天哪！”又对着我说，“最低了，我卖你一万三，结个缘，明天你带朋友来，好不好？”

我笑着耸耸肩，转身走了。因为我口袋里只有九千，就算我出到九千，距离一万三，还是差太远。我才走出去四五步，他在后面大声喊：“一万二，一万二啦！”

我继续走，走到别的摊子上看东西，他还在招手：“你来！你来！我们是朋友，对不对？我算你一万，半卖半送！”

我继续走，走出了那摊贩聚集的地方。

突然一个小孩跑来，拉着我往回走。原来是那摊贩派来的，把我拉回那家店。“好啦！我要休息了，就八千啦！”

现在，每当我看到桌子上摆的这个木雕，就想起那个小贩。我常想，我为什么能那么便宜地买到？

因为我坚持了自己的底线。

我也想，他为什么会卖？想到这里，我又不是那么得意了，因为八千卢比，一定也在他的底线之上，搞不好七千他也卖。

案例中的人因为坚持了自己的底线，以心满意足的价格买到了木雕。这给销售人员一个启示：一定要摸清客户的底线。那么，对于销售人员来说，应该怎么摸清客户的底线呢？

1.可以用编造老板意见的方法来抬高底价。比如，客户想花100元买一条牛仔裤，而你要的价是150元，那么你可以说：“我们都觉得这个产品的价格还可以，但老板只同意125元卖给你。”如果客户觉得125元也可以，你就把他的商谈底价提高到125元，这样与你的要求只差25元，而不是50元了。

2.通过提供一种质量较差的产品来判断他们的质量标准。“如果您只付100元，我给你看质量稍微差一点的牛仔裤行吗？”用这种方法，你或许能让他们承认价格不是他们考虑的唯一因素，因为大家买东西确实关心质量。

3.推荐质量更好的产品，确定他们愿意给出的最高价格。“我们这里还有做工更精细的牛仔裤，而且是今天刚到的新款，但是每条170元。”如果客户对你说的质量更好的牛仔裤感兴趣，你就知道他愿意花更多的钱。

4.假装替别人买卖。比如，你说：“我喜欢跟您做买卖，但是这件不是我的，是替朋友代卖的，以后我们再合作吧。”你以这种方式解除了顾客的武装，接着说：“我很遗憾不能卖给你这件衣服，但就咱们俩私底下说，到底多少钱您买？”顾客也许就会说：“我觉得100元是最低的价格，但我想125元也是可以的。”

总之，客户心中有一个期望价，也有一个拒绝价。如果运用这些技巧，销售人员很可能就会摸清客户的拒绝价。

委婉报价，客户更易接受

我们都知道，价格问题永远是销售活动中无法避免且最难解决的问题，这也让很多销售员伤透了脑筋。其实，如果我们能用点心理策略，在报价的时候注意方式，比如分解价格或者由顾客自己报价，那么，顾客会很容易被我们引导，进而接受我们的报价。

我们先来看下面的案例：

某超市要批发进一批牛奶，进货员与牛奶工厂老板就牛奶价格进行交涉。

客户：“你们厂的牛奶是什么价格？”

工厂老板：“是这样的，我们的牛奶每包算下来给你一个进价吧，两块二一包。我们调查了一下，这种牛奶的市场卖价可是三块，也就是说，一包牛奶你们可以赚八毛，一两包是小事，可是积少成多，你们就赚大了。”

客户：“可是，你们产品的质量如何？隔壁厂的牛奶才两块呢。”

工厂老板：“不知道您注意到没有，在采用的保鲜技术以及口感方面，我们厂在业内做的算是最好的，我们坚持用质量和品质来赢得客户。质量上您绝对放心。”

客户：“好吧，我买下这批牛奶了。”

案例中，这位销售人员的精明之处就是在报价的时候并不是采取整体报价——也就是不报出一批货的价格，而是将这批货的价格分解，这样，客户就会感觉到便宜，可见，委婉报价法是一种很好的技巧。相反，假如他直接报出这批牛奶的价格，那么，势必是一个相对庞大的数字，对方可能会因为价格问题而产生异议，阻碍成交。

可见，在销售过程中的报价问题上，销售员不可太过直接，有时候换个方式报价，客户接受起来就会容易得多。

那么，具体来说，我们该怎样使用委婉报价这一技巧呢？

1.先谈价值再报价

这种方式的运用需要我们把握好沟通的进程，要在客户提出价格问题前就让客户对产品的价值产生认同感。随着销售员对产品价值的一次次强化，客户感觉物有所值，报价也就不再是问题了。

2.价格分解法报价

这种方法是将产品的价格以小单位来报价。比如，如果客户购买一台空调需要5000元，你可以这样告诉客户：“你这台空调的使用年限是二十年，也就是一年才250元，一天才不到一元钱，非常划算。”如果是销售一瓶30毫升、价值210元的香水，你可以做拆分计算，告诉客户只要喷上一毫升，仅仅需要7元钱，就能持续一整天的香氛。

3.模糊报价法

模糊性报价一般以整数的形式出现，它通常会比实际价格要低一些，主要是为了吸引客户的注意力，争取机会，顺利进入谈判阶段。在谈判中随着产品价值等因素的一次次强化，客户也就非常容易接受实际价格。

4.引导法报价

这种方法是利用先入为主的语言，迎合客户力求低价的心理，引导顾客接受你的报价。如“您今天很幸运，我们做活动，比平时便宜……”“价钱不贵……”“最近比较便宜……”。等。此外，在报价时，声音要响亮清晰，态度要坚决干脆，让对方感觉这就是最低价。

5.选择合适的报价时机

选择合适的报价时机是成功销售的一大要素，但关键在于如何能找到这个时机。大量销售员的经验表明，最佳的报价时机必须具备下列两个条件：

首先，客户对产品有了充分的了解。其实每个客户都会对产品价格产生异议，这也是人们购买产品时普遍存在的心理。只有在客户了解产品的具体情况后，能够理性地看待产品价格了，我们再报价效果会更好。

其次，客户对产品有急切的购买欲望和热情。如果客户的购买热情并不强烈，除非是价格很有吸引力，否则，即使销售员主动报价，客户也会不为所动。倘若价位对客户来说比较高，那么，这个客户肯定会流失。

利用这些技巧，相信我们的销售工作一定能顺利地开展。要注意的是，无论生意是小是大，我们都要做长线生意，不能乱开价，也不能咬死不让，这样我们才能把产品卖出满意的价格，同时与客户保持良好的关系。

报价应掌握一些技巧

打价格战是销售过程中一个必不可少的环节，销售人员只要抓住客户的购物心理，充分运用语言的技巧，就能增加销售收入。因为在这个世界上，没有卖不出去的产品，只有卖不出去产品的销售员。

我们先来看看下面的案例：

客户："这件羊毛衫多少钱？"

推销员："你觉得这羊毛衫值多少呢？你要是喜欢的话，开个实心价，我给您带一件。"

客户："我觉得也就值个百把块吧，您觉得呢？"

销售员："您是识货的人，您看上的东西能便宜吗？说实话，两百，是纯羊毛的……"

这位销售人员的精明之处就是让客户先开价，探清了客户的底线，让自己有足够的空间与客户商讨价钱问题。在销售过程中，销售人员必须掌握一些报价的技巧，才能在谈判中掌握主动权。

1.掌握好谁先报价的问题

究竟谁先报价？是由销售人员报价还是由客户报价？这个问题在销售实践中一直存在争议。

但不管怎样，销售人员首先应该注意到在报价先后的问题上都存在的利弊。有利的方面是，先报价的影响大。如果销售人员先报价，实际上为谈判定下了框框，最终交易合同将会在此范围内达成。不利方面是，如果客户对销售人员的价格起点已有所了解，他们可以修改自己的报价即还价，获得可能本来得不到的好处。

是销售员还是客户先报价，应该具体问题具体分析，要看具体的环境和双方的交易关系。如果销售员与客户谈判激烈，不妨先报价，以争取主动。如果整个谈判过程在正常融洽的氛围中，则可见机行事。

另外，如果销售员和客户已经不是第一次合作，双方在业务上有多次往来，客户对该产品的价格和市场价都有相当的了解，对销售员也是信任的态度，那么，问题就简单得多。在这种情况下，谁先报价对双方来说都是可行的。因为，很多细节问题都不是第一次经历，也就不必逐一议定，需要洽谈的只是少数几个交易条件。

2.报出最高的可行价

从销售方来说，一般的报价是最高的可行价；从客户来说，一般的报价是最低的可行价。

销售员的报价是最高的可行价的原因是：首先，为客户还价留出余地，也就是说，销售员要给自己留出退路；再者，销售员一旦定价，客户只可能接受比这更低的价格，而不是更高的价格，所以，这个价格一经确定就是一个最高的限度；最后，报价直接影响了客户对产品的印象和评价，即这个产品值不值这个价钱。

但在现实销售中，很多销售员认为，报价越高，能赚的利润就越大。其实，这种想法是错误的，因为客户既然购买产品，不可能对产品一无所知，过高的报价会给客户造成被欺骗的感觉。这样，在价格谈判中，会使自己陷于被动，有失面子，丧失信誉，最终被迫做出让步。

销售员采用“报价要高”的策略，需要做到让步慢，和客户打好心理战。这样，从一开始，销售员就能打消客户“占便宜”的想法，并摸清客户的价格底线，从而逐渐攻克客户的心理堡垒。

在报价时，销售员还要观察客户的态度，对于客户不同的反应，要采取不同的措施。如果客户在价格方面态度很强硬，给销售员施加压力，销售员一定不要轻易让步，要树立信心，以高价压住客户。如果客户所拟定的销售方并不仅是一家，也就意味着你的竞争对手比较多，那么，你要做的是努力维持谈判，并且把价格定到让客户满意为止。一般来说，此价格对客户产生吸引力的话，就离达成一致意见不远了。

另外，销售员报价要明确，毫不犹豫，提出报价也不必去做说明。因为在通常情况下，当你报价后，对方一般不会接受，或不会马上接受，必然要进行询问。如果你报价后立即说明，反而使对方意识到，“啊！原来你们关心的是这些问题。”

最后，不要在开始就报价过低，因为讨价还价确实是销售工作中司空见惯之事。有时，销售人员提供的是优质服务和优质产品，不想用降价来取胜，面对着客户压价的要求，要以坚定的语气，心平气和地对客户说明不降价的理由。

客户开口出价，你该如何引导

价格问题，永远是销售过程中最难解决的问题之一。我们都知道，在销售中，谁先报价，谁就容易丧失控制价格的主动权。在这一过程中，若销售员先报出了价，在接下来的谈判和交涉过程，价格也只能在这个限定的范围内，客户不可能以比这更高的价格买下产品。因此，为了避免这一弊端的出现，很多销售员把报价的主动权让给了客户，但问题又随之出现。客户开口先出价，倘若这个价格完全背离我们的价格底线，我们又该如何应对呢？怎样才能改变顾客对产品价格的错误估计，成为销售员在销售中必须要解决的问题。

让客户先开价，的确有利于探清客户的底线，让自己有足够的空间与客户商讨价钱问题，但如果客户开出的价格与我们的期望价格相差太远，也会让价格谈判陷入尴尬境地。这位销售员的聪明之处就在于他把客户定位在“识货的人”上，称其“看上的东西不便宜”。这样，客户在受到一番赞美之后，自然而然也就被带入到销售人员设定的氛围中，最终的结果就是：即使觉得价格稍微贵点，也可以接受。

讨价还价在销售过程中不仅是至关重要的部分，还是不可忽视的一个环节，因为销售的核心问题就是利益，因此，在价格问题上，如果我们不能巧妙应对，双方就会陷入谈判僵局，轻则谈判破裂，重则伤了和气，断了情义，给以后的往来带来困难甚至经济受损。

那么，总的来说，当销售员遇到客户先开口出价识时，该如何应答呢？

1.适当让步

顾名思义，就是说，如果客户提出的价格与我们的期望价格相差不远的话，你可以站在客户的角度上说话，比如，“王小姐，我知道，您也想以最合理的价格买下这件裙子，不过，您开出的价格实在比我们的进货价格还低，您看这样行吗？我们折中一下，我给您再打个九折？”此时，如果我们言辞诚恳，先做出让步，然后也请客户做出让步，那么僵持的局面很快就能得到缓解，问题的焦点也就会很快转移，实现由“不让”到“让多少”的转变。如果实现了转移，那么对方让步的可能性至少存在一半。

但这样做也存在问题，那就是会让客户觉得你的让步是“理所应当”，从而变得得寸进尺。因此，销售员即使让步，也要做出一副逼不得已的姿态，在最后关头才做出让步。这种方式能获得客户的理解，从而见好就收。

2.调节气氛

谈及利益，买卖双方很容易造成一种僵持局面，即使是朋友，也有可能争得面红耳赤，但如果我们能运用一些心理技巧来调节气氛的话，比如，一句幽默的话就能让双方化解矛盾，重新谈判甚至还能一笑了之，交到朋友，收到拔云见日的效果。

3.补偿措施

很多聪明的销售员懂得利用人们占便宜的心理，利用一些“补偿措施”来弥补客户在价格上的让步。同样，当我们不能满足客户提出的价格要求时，我们也可以采取补偿措施：“小姐，您也知道，我们做小生意的，也希望多多少少挣点利润，您这价格，实在让我无法接受。要不，这样吧，我给您办张我们的会员卡，下次您再来光临的时候，我直接给你打八折，您看行吗？”很多时候，客户都乐意接受这种补偿措施。

的确，经济活动并非都是一手交钱一手交货的，而是一种“物物交换”。使用补偿措施能实现一种利益的互补、互惠、动态型的经济交往流程，从而让客户达到一种心理平衡。所以，采用补偿措施是一种极好的价格谈判技巧。

一个聪明的销售员，不仅能掌握整个销售活动的主动权，还能排除各种不利于销售的因素，尤其是价格问题。即使客户主动出价，已经掌握了价格谈判的主动权，销售员依然能轻松应对。以上方法销售员都可利用且成功率均等，关键在于要学会主动利用和善于利用。

掌握几种应对客户讨价还价的策略

在现实的销售活动中，讨价还价是销售人员和顾客都无法避免的问题。而在这一过程中，销售人员一定要灵活应对，要掌握客户的心理，只要“不亏老本、不失市场、不丢客户”，所有问题都不是一成不变的。为此，销售人员有必要掌握几种应对客户讨价还价的策略，而且，一旦和客户达成协议，就要马上签订协议将其“套牢”，不给对方一丝反悔和变卦的机会。

十一期间，某商场在进行空调促销活动，凡是购买该产品的客户，都能享受到商场赠送的电饭煲。整个促销活动如火如荼地进行着。

这时候，一个老太太走到促销员小王面前，对小王说：“我如果不要电饭煲，你们就便宜200块钱，行不？”

小王是新来的销售人员，不知道该怎么办，只好对老太太说：“不好意思啊，不能这样，你要不要看看便宜的空调？”

老太太一下子拉下脸来，转身走了。小王莫名其妙。

要想有效地规避客户的讨价还价，就需要销售人员发挥自己的聪明才智，遇到不同的客户，使用不同的方法加以解决。这里就涉及客户的分类、报价的方式、时间和地点的选择等一系列的问题。

一般来说，在价格问题上，客户会有以下四种异议，针对这四种异议，我们找出了不同的应对策略。

1.客户始终认为优惠不到位

这类客户一般对产品并不了解，他们在砍价的时候是漫无目的、不着边际的。对于这类客户，销售员完全可以在报价的时候就报高一点，这样，才会给自己留出足够的空间来应付客户的砍价。另外，让步的幅度一定不能过大，可以慢慢地让步，让客户感受到优惠。

同时，销售员要做好与之打持久战的准备，因为这类客户一般不会轻易达成交易，他会在认为自己已经占够了便宜的情况下才偃旗息鼓。所以，销售员一定不能大幅度地让步，因为人们都有越是不容易得到的东西越是珍惜的心理。如果销售员轻易妥协，就会让客户觉得你仍然可以继续让步，甚至怀疑你刚开始报出的价格的真实性。这样，销售员就失去了在谈判中的主动地位，这无疑会助长客户砍价的气焰。但同时，销售员的让步必须有一定的量，这样才会让客户有一种胜利的喜悦。客户一高兴，签订协议也就水到渠成了。

2.礼品是次要的，只要降价

这类客户是实在型的，面对这样的客户，你不妨和他说：“按照一般原则和商场规定，我们这里是不允许这样的情况出现的，但您稍等一下，我帮你问一下经理，看能不能给您一个特例。”

这样，即使结果和客户想象的不一样，他也一样会感激你，因为你为他做了努力。很自然，他就会拿着礼品，买下产品。

3.产品存在瑕疵，应当降价

这类客户一般喜欢吹毛求疵，无论产品本身是否存在问题，他都会找出问题，然后借机杀价。即使销售员做出让步，他还是不罢手，紧紧抓住产品的弱点，最大限度地砍价。对于这种客户，销售员不妨把自己的产品与同类产品相比较，或者采用其他方式淡化这种缺陷，让客户明白你的产品在同类产品中的优势或者让客户忽略这点小瑕疵。

4.认为自己是老客户，应当享受优惠

这类客户是爱贪小便宜的，在通常情况下，他们都会以自己是老客户为借口要求降价。他们这样做无非是出于两个目的，要么是真心想购买，但是希望通过这种方式获得优惠；要么根本不是诚心购买，只是为了探探价格虚实。

销售人员可以告诉他："我也想为您效劳，可是这是商场的规定，不然对其他客户就不公平了，你说是吗？"另外，你可以借此机会，拉拢到更多的客户："哦，这样啊，我们商场今天有个活动，就是两人或三人一起购买的话，会享受到八折优惠……"诚心想买的客户会立即被这样的优惠诱惑，成为我们的客户源之一。

价格谈判中找个帮手助自己一臂之力

一些销售人员认为，只要客户答应购买，实现成交就近在咫尺了，但实际上，这才进入销售的谈判阶段，而真正的难题也往往出现在这一阶段。在这一阶段，销售员会和客户有许多正面交锋，客户会要求更低的价格和更多的服务，甚至在付款方式等方面都会提出苛刻条件。而这时候，销售员单凭自己的力量是非常单薄的，即使口才再好，也很难应对种种挑剔的要求，以及有关技术或是服务方面的细节问题。所以，要想有效地控制整个谈判局势，以此实现成交，销售人员可以为自己找个帮手。

销售员："您觉得这个价格贵吗？这可是我们这半年来卖出的最低价格了。"

客户："是很贵，远远超出我的预算，而且我觉得你这产品也不值这个价。"

销售员：“我看您可能对我们公司的产品不了解，我们采用的是最好的原材料，价格也是合理的。”

客户：“王婆卖瓜，自卖自夸，谁不说自己的产品好啊。”

这时，店里来了另外一个客户。

“这双鞋多少钱？”这位客户问。

销售员：“399元。”

“真便宜，上次我朋友在对面那家商场买的一模一样的，牌子也一样，那双鞋要499。这样吧，你给我包一下，这双我要了。”

看到这位客户已经毫不犹豫地买下了那双鞋，刚开始和销售人员在价格上没达成统一意见的那位客户二话不说，也买下了。

这次销售之所以能成功，主要因素是另外一位客户的出现。这位客户的出现影响了之前客户的决策，从而起到了加快成交进程的作用。这给销售人员一个启示，有时候不妨利用外界的力量，找个帮手为自己解决价格异议。

对于我们要选择的在价格谈判中的帮手，我们没有必要选择口才最好的，而是要选择最适合的、对眼下的情况最有帮助的人。那么如何才能找到一个好帮手呢？这需要遵循以下几个原则。

1.帮手必须能弥补自身的不足

每个人都有不足之处，比如性格缺陷，对于销售人员来说，这些不足通常会阻挡销售活动的进行。此时，销售人员不妨找个帮手帮自己谈价格，以弥补自己的不足。比如，销售员性格比较急躁，容易发火，那么就可以找一个性格稳重、经验丰富的人作帮手；如果客户对产品的技术或研发方面存在异议，而销售员不能很好地解决，就可以找一个能提供技术支持的帮手；如果客户对产品质量不放心，而销售员又无法充分说服对方时，就可以找一个质检方面的负责人进行解说。

2.帮手必须能强化客户的购买信心

很多商家重金聘请权威人士的原因就在于，权威人士的言语能给客户购买产品增强信心，权威人士的一句话往往比销售员费尽口舌的游说更加有效果。

当然，邀请到这样一位以第三方身份出现的权威人士并非易事，而且他们在整个交易过程中也不会参与太多的话题，但是他们的作用不能忽视。这些人的身份、地位和声誉等方面的影响会让客户更加有信心，他们的意见能对交易产生积极的推动作用。所以，我们可以邀请一些社会上的权威人士参与谈判，如某方面的专家、某领域的知名人物等。

3.有充分决策权的人也是好帮手

在销售活动中，如果销售人员没有决策权，那就加强了谈判的难度。因此，销售员需要一个有充分决策权的帮手，可以是上司领导等有决策权的人。一方面，这些人的出现，会体现出对客户的重视和尊重以及销售的诚意；另一方面，在谈判进行得如火如荼的时候，这些有充分决策权的人也能拍案决定，不至于让销售员陷入被动中，也避免了销售员费时费力地向上级请示，提高了谈判的效率。

总之，在与客户讨价还价时选定一个好帮手，能达到影响客户心理、引导其接受既定价格的目的，当然，这仍需要你的努力。如果你与帮手在谈判中不得要领，同样难以成功。所以，你还要确定一个明确的目标，以及你和帮手在谈判中各自的任务，这样分工明确、目的明确，才不至于在谈判过程中乱了阵脚，从而更容易赢得客户的信赖和赏识。

当然，一定不要忘记，你才是这场谈判中的主角，千万不可因为有了帮手就想着自己可以退而求其次了，因为你永远比帮手更了解你面对的客户，整个谈判的局面要始终都掌握在你的手里。所以你应该始终把握谈判的主动性，充分调动帮手们的积极性，为实现共同目的而努力。

第12章　先做朋友后做生意，客户自然会照顾你的生意

兵法有云：“攻心为上，攻城为下。”我们做生意也是如此，“先做朋友，后做生意”，这是销售精英的心得。然而，在现实销售中，不少销售人员都遇到了这样的问题：无论我们怎么努力，客户似乎总是对我们心存芥蒂。其实这是因为销售员与客户沟通太过直接造成的，销售员要解决这个问题，最好从态度上来解决：把这些客户当成终生的朋友来看待，而不是单纯来销售产品给客户！一旦我们有了这样的想法和理念，就要马上行动起来，与客户建立长期关系，以获得更稳定的销售业绩。

展现魅力谈吐，吸引客户主动结交

推销，是现代商业活动中的一部分，它是整个市场赖以运作的相当重要的环节。随着销售行业的日趋完善，人们对销售人员的综合素质也越来越看重，因为从某种程度上看，销售人员本身就代表了他所销售的产品以及所在公司信誉等。任何人都愿意与那些谈吐优雅的销售人员打交道，而不愿意从那些语言粗俗、不顾形象的销售人员手中购买产品。因此，销售人员应该用魅力谈吐成就良好销售的开始。

乔·吉拉德说：有两种力量非常伟大：一是倾听，二是微笑。

“倾听，你倾听得越长久，对方就会越接近你。我观察，有些推销员喋喋不休。上帝为何给我们两个耳朵一张嘴？我想，意思就是让我们多听少说！”

“我有一个特点，就是我了解人，我甚至知道你现在在想什么。当你走进来

时，我观察你的眼睛、你的嘴唇，与你握手时，我感受到你的身体在和我对话。我还会更加注视你的嘴唇，它是告诉我信息的器官。我来讲个小故事，一次有个人来到我的办公室，我注视他的眼睛，他的嘴唇。他的眼神很紧张，嘴唇紧闭，他很害怕别人拿走他的钱。他周围的空气充满着紧张与恐惧。某一次他来到我的办公室，害怕得直打哆嗦，我看着他的眼睛和嘴唇问他：‘布朗先生，我能做些什么？’当我问话的时候，他的嘴唇开始张开，眼角的恐惧也渐渐消失。两只耳朵是上帝赐予我以及其他人的东西。当别人说话时，你要全神贯注地倾听。看着对方的脸，听着他的声音。你越善于倾听，说话的人越信任你，但是太多的人只顾着用嘴巴说。嘴巴只善于做一件事情，那就是吃。闭嘴，让别人说。让别人说，别人就会开始喜欢你。这是上帝赐予我们的能力，但许多人没有尽其能。”

乔·吉拉德的魅力谈吐体现在哪里？一是倾听，二是微笑。他谙于倾听的艺术，一个只顾倾诉而不懂得倾听的销售员是不会获得客户的好感的，因为任何人都有倾诉的欲望，客户也不例外，但懂得倾听更能表现出你与众不同的谈吐魅力。

销售员业绩靠的就是口才，一个优秀的销售员本身就是一名出色的演说家。那么，除了倾听之外，销售员在与客户沟通的过程中，还应该怎样表现出自己的魅力谈吐呢?

1.声音洪亮

声音大小要适中，要有不卑不亢的语调，用你的自信感染别人。

2.注意语音面貌

销售员要吐字清晰、层次分明、抑扬顿挫，这样才会带动客户的情绪，否则，客户只会不得要领。另外，在日常生活和工作中使用标准的普通话，更重要的要避免粗声大嗓。在公众场合和别人交谈时，高声喧哗是没有教养的表现。

3.要注意停顿

一句话不能说得太长，也不能说得太短。适当的停顿，不仅可以调整自己的思维，而且可以引起对方的注意。在停顿的间隙，你可以观察对方的反应。

4.要与客户形成互动

什么叫互动？互动就是形成良性的反馈。

5.尊重为前提

礼者敬人也。在和客户交谈时一定要眼里有事，心里有人，懂得尊重对方。具体而论，从礼仪的角度考虑，有四个不准：

第一，不打断对方。

第二，不补充对方。

第三，不纠正人家。（这是原则问题，不要随便对他人进行是非判断，大是大非该当别论，小是小非得过且过。）

第四，不质疑对方。

当然，与客户交谈过程中，谈话的内容也要注意。有下列六大问题不要乱说，若说了的话会给客户没有教养的感觉。

第一，不要非议党和政府。

第二，不要涉及国家秘密与商业秘密。

第三，不能随便非议交往对象。

第四，不在背后议论领导、同行和同事。

第五，不谈论格调不高的话题。

第六，不涉及个人隐私问题。

在现代生活中，哪些个人隐私不大适合去随便打探呢？一般是以下五个问题，我们称为“隐私五不问”。

1.收入。一个人的社会地位的高低、能力的大小，很多时候都体现在他的收入上，如果对方收入不高，你贸然询问，就会冒犯对方。

2.年龄。很多人，尤其是女性极其反感被问及年龄。

3.婚姻家庭。

4.健康问题。

5.个人经历。

总之，销售员在说话的时候，要简洁明快、顺畅自然、不温不火，处处表现自己的自信、魅力、大方，这样才能够恰到好处地把自己的观点表达给对方，才会激起对方的兴趣。

先做朋友，再谈销售

在销售行业，有统计表明，71%的人之所以从你那里购买，是因为他们喜欢你、信任你、尊重你。如果你能和他们成为朋友，并且保持良好关系，让客户对你产生喜欢、依赖之情，那么你就能获得这个特权。不少销售员都是在与客户谈生意时才开始考虑与客户建立好的关系，这不是一个万全之策，特别是那些大客户，更应该提前与其建立起良好的关系，赢取对方的认同和信任，与他们成为朋友才更容易达成生意。因此，销售人员要先和客户做朋友，后做生意，建立一个客户资源库，关键时候，那些“朋友”就能为你帮上忙了。

据说，汽车推销大王乔·吉拉德总是设法让每一个光顾他生意的客户感到他们似乎昨天刚见过面。

“嗨，比尔，好久不见，你躲到哪里去了？”乔微笑着，热情地招呼一个走进展销区的顾客。“嗯，你看，我现在才来买你的车。”比尔抱歉地说。

“难道你不买车，就不愿顺道进来看看？我还以为我们是朋友呢！”

“是啊，我一直把你当朋友，乔。”

“你每天上下班都经过我的展区，比尔，从现在起，我邀请你每天都进来坐坐，哪怕是一小会儿也好。”

还有一次，当乔问一位顾客做什么工作时，对方回答说：“我在一家螺丝机械厂上班。”

“哦，那很棒，你每天都在做什么呢？”

“造螺丝钉。”

“真的吗？我还从没有见过造螺丝钉是怎么回事呢！方便的话我真想上你们那儿看看，欢迎吗？”

乔只想让对方知道自己是多么重视他的工作。或许在这之前，从未有谁怀着浓厚的兴趣问过这位顾客类似的问题。

等有一天乔特意去工厂拜访他的时候，看得出他真是喜出望外。他把乔介绍给年轻的工友们，并且自豪地说：“我就是从这位先生那儿买的车。”乔趁机送给每个人一张名片。正是通过这种策略，乔·吉拉德才获得了更多的生意。

乔·吉拉德的推销方法给销售员一个启示，做生意就是交朋友，有良好的人际关系，推销成功必然是水到渠成的事。人脉关系越发达，力量也就越大。别人办不了的事情，你可能一个电话就非常圆满地解决了；反之，你费了九牛二虎之力都解决不了的问题，却有人能轻轻松松地搞定。这些无不在说明：有效的、丰富的人脉关系，就是销售员通往成功的阳关大道。

那么，我们应该如何和客户交朋友呢？销售员要从以下几个方面着手。

1.在客户心中留下个好印象

想留给客户一个好印象，首先就要在形象上特别注意，力求保持得体的着装、良好的礼仪。再者，销售员还要对客户做大致了解，这样才能投其所好，选择适当的谈话方式，给客户好感。

2.先向对方呈现良好的个人修养

每个人都希望能和有素质、修养好的人交往、做朋友，客户也一样。为此，销售员必须从以下几个方面努力：

（1）热情而谦虚。我们不能否认，开朗、活泼、热忱的人有更多朋友。

（2）自信。自信是赢得别人信赖和好感的重要因素之一。销售员对自己充满自信的同时，也应对自己的产品充满信心。

（3）真诚、坦率，敢说真话。销售员无论是交朋友还是推销产品，都要以诚相待，毕竟，没有产品是十全十美的，也没有人是十全十美的。

（4）做到“四勤”，即“手勤”——勤写信，“脚勤”——勤走动，“口勤”——勤打电话，“脑勤”——多思考、多给客户提供好意见。

3.称赞客户

赞美是世界上最美的语言，成功的秘诀无非是微笑、赞美和关怀。赞美是获取人心的法宝，因为任何人都渴望获得别人的赞美。在与客户交往中多使用赞美，你就能取得客户的信任，给对方留下好印象。但要记住，赞美之言必须是发自内心的。

4.利益原则

即使没和客户成为好朋友，我们也应该热情地帮助他们，主动全面地考虑对方的需要和利益。在与客户交往时，向其提供信息、建议和咨询，让客户对我们有所求，这样才能获得客户的重视，因为“双赢”才能常胜。

5.发展共同爱好

任何深切的友谊都是建立在共同的爱好上的，有共同语言的人才会深交。俗话说：“酒逢知己千杯少，话不投机半句多。”要做到这一点，与客户发展共同的兴趣爱好很重要，这样更容易和客户有深入的交流。但交流之前，销售员一定要学会倾听，表示对客户的爱好有极大的兴趣并希望更多了解，以激发客户的兴致。例如，你的客户非常喜欢打高尔夫，但是这并不是你的兴趣所在，面对你很不熟悉的高尔夫，你可以这样说：“很早以前，我就想打高尔夫，但一直不知道该怎么去打，您能教教我吗？”

6.加强与个人间的密切交往

人与人之间有一个从相识到相知的过程，只要真诚相待和用心去交往，就能逐渐加深关系。对于销售员来说，如果你发现一个客户资源非常好，但是你们之间只是认识，还比较生疏，甚至没说过几句话，那么你就要着重发展个人关系。除了关心客户，为他提有用的建议之外，你还应该在一个合适的环境下，找个恰当的理由，给客户送去一些小礼物。例如，在特别的日子，像春节、客户的生日或者其他纪念日，寄发卡片或者送精美的纪念品，都会给客户带去惊喜。如果你知道客户喜欢某种活动，你也可以制造与他一起参加的机会。

总之，积累每一笔人脉财富对销售员来说都是重要的。在从事推销的过程中，如果你能把客户当朋友对待，让对方体会到你的关心、爱护和体贴，使其产生亲切感，那你的销售业务一定进行得比较顺利。这就要求销售员对待每一个客户都要热情，和客户的交往也不能仅限于工作中，在日常生活中，更需要维系和客户的关系。当你不断地与客户建立牢固的友谊时，你便有了广泛的人际关系，那时离成功就不远了。

销售中要采取双方都舒服的说话方式

尽管销售人员都希望自己能完成交易，但并不是每个人都能做到，很大一部分原因就在于口才。相同的情境，采用不同的表述方式往往能够产生截然不同的效果。在说服客户的过程中，实现成交固然是所有销售员的谈判目标，可是如果你说话的方式不够妥当，那往往会事与愿违。说服客户的过程既是销售员与客户实现双赢合作的平台，又是一场处处充满了勇气与智慧的较量，在这个平台上是否能说出让客户和自己都舒服的话往往直接决定着销售的成败。若总是反复强调一种商品的优点，未必能发挥太大的作用，而详细、生动、准确的描述，才是引导客户购买商品的关键。

“您好！我是阳光保险的张航。”

“哦。阳光保险公司，你们公司的推销员昨天才来过。我最讨厌保险了，所以他昨天被我拒绝啦。”

“是吗？不过，我总比昨天那位同事英俊潇洒吧！”

"什么？昨天那个仁兄啊，长得高高的，哈哈，比你好看多了。"

"矮个儿没坏人，再说辣椒是愈小愈辣的啊。俗话不也说，'人愈矮，俏姑娘愈爱'吗？这句话可不是我发明的啊！"

"哈哈，你这个人真有意思。"

销售人员要想拥有良好的业绩，一副好口才是必不可少的。范例中的销售员虽然遭到了客户的重重打击，却依然笑容可掬，并幽默地回应了客户，给客户留下了很好的印象。当然，在销售行业中，好口才不是夸夸其谈、天花乱坠，而是能够说到客户的心里，能够吸引客户的注意力，刺激其购买欲望。

语言是一门艺术，意思和内容一样的话，有时候转变一种说法，就会有不同的效果。有的可能让人觉得亲切，易于接受；有的则让人觉得生硬，因而不为所动。

下面有两种说法：

"这种传真机外形也好，速度也快，现在已经达到12秒了，买了绝对不会后悔。"

"使用这种传真机，每传送一张，在市内可以节省××元的费用，在市外则可以节省××元。"

第一种说法固然没错，虽然提到了商品的好处，但是泛泛而谈，而且最后一句有点强迫的意味，容易让客户反感。第二种说法用实实在在的数据说明了产品的具体优点，更让人信服。

可见，要想做一名优秀的销售员，必须拥有一副好口才，在交谈中采取双方都感到舒服的说话方式。只有这样，才能打开与客户沟通的大门，彼此产生共鸣，在融洽的谈话中实现成交。那么，销售员在说话的时候，应该注意什么呢？

1.语言要简洁

简洁明了的说话方式，是每一个销售人员必须学会的，也是对一个销售人员的基本要求。专业术语冗长、滔滔不绝、口若悬河都会被客户反感。所以，在沟通时，销售员应该尽可能用较短的时间，简单明了、干净利落地把比较重要的信息传达给客户，要根据当时的需要将产品的有效信息用最简洁的话表达出来，利用放慢语速，甚至停顿的方式，有效地“牵”住客户的思维。

2.话语要生动

语言的魅力是无穷的，语言本身就是艺术，如何说让客户接受并喜欢的话，是销售人员必须学会的，只有这样，才能发现客户需求、刺激客户购买欲望并说服其购买。能够打动客户的语言一般包含如下特征：

（1）活泼新颖、容易勾勒出产品相关信息。

（2）易于使人产生愉快的联想并容易被记住。

（3）使人觉得舒服和可信。

3.别忘了幽默

爽朗和幽默的人很容易打开别人的心扉，能交到更多的朋友。对于客户来说，销售员完全是陌生人，如果销售人员能主动敞开心扉，便能很容易打开销售局面，进而展开销售工作。

4.多谈平常事

在很多时候，一些销售员觉得很奇怪，为什么自己在脑子里苦苦地搜索，找到一些怪诞的奇闻、惊心动魄的事件来与客户交流，但客户并不是很感兴趣呢？虽然每个人都爱听奇闻轶事，但却更愿意和朋友们谈一些有关日常生活的普通话题。

在交谈中，你可以问及客户的职业、家人及宠物，只要客户认为你是有诚意的，他必然乐于与你交谈。所以说，聊家常事更容易拉近你与客户间的距离。

5.说话要大方

客户是上帝，但客户与你在人格上是平等的，我们要不卑不亢地和客户交谈。你要记住，你的目的是要达成销售目的，因此，在说话时凝视对方的眼睛，大大方方，才能表现出你的内在风采。如果你在与客户交谈时，视线太低，不免使人轻视；视线太高，又显得过于傲慢。

总之，在与不同的客户谈话时，你都应当认真地选用令双方都舒服的说话方式。另外，“投其所好”能够引起对方与你交谈的意愿，善于交际、能言善道的人，往往在与对方接触的前30秒，就能找到双方都感兴趣的话题，引发彼此交谈的兴致，建立起友好的关系，从而能够顺利交易。

不管结果如何，都要给客户留下好印象

虽然销售员尽最大努力说服客户，可是由于种种原因，遭到了拒绝，努力前功尽弃。这时候，很多销售员可能会大发雷霆，以此来发泄心中的不平。其实，这完全不必要，在销售中遭拒绝再平常不过了。把自己的不良情绪发泄给客户，实在是一种幼稚的解决办法。

真正聪明的销售员，无论何时都会保持一份平和的心态，处变不惊，就算遭到拒绝，也会以优雅的姿态、真诚的心意，给客户留下一个好印象。就算客户一辈子都不需要你的产品，也要让客户记得有你这样一位真诚、礼貌的销售员。何况这样做，还有可能会给你带来意想不到的收获——客户回心转意了。

客户：“我去咨询了医生，医生说床太硬了，不利于我的康复。”

销售员：“是这样啊，医生的话是很重要的，可能我们这款床对您来说确实不太合适。”

客户：“是啊，适合我的床还真是不太好找。”

销售员：“您不要着急。我们公司推出的保健床还有很多种，并且我们很快有一款新的保健床要投入市场了。您看这样如何，我再为您挑一些对您比较适合的床款，资料给您发到邮箱里。等新产品问世后，我也会第一时间告诉您，等您觉得满意再过来看，您看怎么样？”

客户：“好，谢谢你。如果能在你们公司找到合适的床，我也不用再跑那么

多家了。”

销售员：“为客户服务是我们的职责，希望您对我们公司多多关注。”

在这个案例中，销售人员的聪明之处就是为自己赢得了一个稳定的客户。他注意到了客户的真实需要，及时调整了销售方向，虽然暂时没有销售出产品，但给客户留下了一个好印象。这也为以后的销售成功打下了基础。

那么面对客户的拒绝，销售员应该如何做呢?

1.幽默大度

“客户是上帝”这句话永远是对的。一个有素质、有修养的销售员，无论客户以怎样的态度对他，他都会以礼待之，而这能让客户看到他的素质，从而信任他。即使这次生意没做成，但维护了销售员和产品的形象，还可能会带来意想不到的收获。总之，好的态度不一定会成交一个买卖，但是不好的态度肯定会让你失去一个客户，甚至是更多客户。

一个销售员想和某家公司的董事长见面，他请秘书把自己的名片递进去。秘书恭敬地把名片交给董事长，一如所料，董事长不耐烦地把名片丢回去：“又来了！”秘书很无奈地把名片退给站在门外的销售员，然而销售员不以为然地再次把名片递给了秘书。

“没关系，我下次再来拜访，所以还是请董事长留下名片。”

拗不过销售员，秘书硬着头皮再次走进办公室。董事长生气了，将名片撕成两半，丢给秘书。

秘书不知所措地愣在当场，董事长更气，从口袋里拿出十块钱，“十块钱买他一张名片，这总够了吧。”

岂料当秘书递还给销售员名片后，销售员很开心地高声说：“请您跟董事长说，十块钱可以买我两张名片，我还欠他一张。”随即再掏出一张名片交给秘书。

突然，办公室传来一阵笑声，董事长走了出来，“这样的销售员，我得见一见啊。”

这位销售员积极、幽默的心态不能不让人折服，没有人会拒绝和这样的人合作，相信他的态度会为他赢来很多生意。即使这位董事长这次没有和他合作，但下次有机会一定会想到这位销售员。

2.坚持不懈

我们都知道乔·吉拉德是有名的汽车推销员，事实上，他还做过报社的广告业务员。

刚到报社的乔非常自信，他向经理提出不要薪水，只按广告费抽取佣金。乔拟出一份名单，列出他打算前去拜访的客户类别。在去之前，他取出这十二位客户的名单，对自己说："在月底之前，你们都将向我购买广告版面。"

结果到了月底，他和名单上的十一位客户达成了交易，只剩下一位还不买他的广告。在第二个月里，他未卖出任何广告，因为他除了继续去拜访那位坚决不买他广告版面的客户之外，并未去拜访任何新的客户。到了第二个月的月底，那位商人终于忍不住对他说："你已经浪费了一个月的时间来请求我买你的广告，我想知道这到底是为什么？"

乔回答说："我并没有浪费我的时间，我等于是在上学，而您一直就是我的老师，我一直在训练我的自信心。"

这位商人说："年轻人，我也要向你承认，我也等于是在上学。你教会了我什么叫坚持到底，这比金钱更有价值。为了表示对你的感谢，我要向你订购一个广告版面，当作我付给你的学费。"

大浪淘沙，优胜劣汰，成功总是属于那些备尝艰辛的人。销售员最应该具有的态度就是坚持。

3.收放有度

完成销售任务的确是每个销售人员的最终目的，在万不可急功近利，在说服不成的时候，也不必一味地挽留，因为这会破坏你和客户的关系，也会让自己断送一个客源，那就得不偿失了。

总之，销售员要让客户信服，并不是一味地说服就能实现的，只有在说话时做到收放自如，根据客户的反应及时做出调整，才能取得理想的效果。

第13章　把握客户内心诉求，激发客户的购买欲望

在具体的销售过程中，相信不少销售人员都遇到过这样的情况：客户已经有购买意向，双方沟通也已经接近尾声，就在即将成交之际，客户却犹豫不决，不肯下决定。一些经验不足的销售员此时会放弃销售，但实际上，他们忽略了，客户之所以犹豫不决，是因为心存疑虑，不能百分百信任产品等。此时如果我们能运用点心理策略，激发客户的购买欲望，向客户展示有利于他们的方面，弱化客户的疑虑点，就能成功引导客户放下心来，从而愿意购买。

嫌货才是买货人

销售员在与客户谈判的过程中产生异议，是很常见的一种现象，正如有人说“嫌货才是买货人”，对产品或者价格有异议的才是你的准客户。但在销售前，我们要事先揣测客户可能产生的异议，以及产生这些异议的原因。这样在整个谈判过程中，我们就能有意识地消除这些异议。

某超市里，一位客户拿起货架上的一瓶饮料，对站在旁边的销售人员说：“你们超市的东西为什么比别家的贵呢？”

“怎么可能？这是我们超市价格最便宜的饮料了！”销售员有点不高兴。

客户：“可是，你们这里的芒果汁就是比其他超市贵一块钱呢！”

销售员：“哦，你是说××牌的吧，那是次等货，我们超市现在都不卖了，其实，吃的东西一定要注意品质，你说的那种有钱人从来不买。”销售员指了指货柜上的某个品牌的饮料。

客户：“还有没有其他的牌子？”

销售员：“有啊，但都是中下等的，你要不要看看？”

客户：“算了，我不要了。”

事实上，十全十美的产品是不存在的，在价格和质量上一般都会存在一些冲突，而如何将这种冲突降低到最小，就体现了销售员的嘴上功夫。当然，客户产生异议，往往有很多原因，针对客户的这些借口，很多销售人员往往束手无策，最终也只能知难而退，放弃推销。其实，是否能用正确的技巧回应客户的异议，正体现了一个销售人员的水平。常见的异议有以下两种，我们可以根据不同的情景，用不同的方式回应我们的客户。

（1）客户总是说你的产品不如竞争对手

这正是案例中的情况，面对这种情况时，尤其是对刚从事销售行业的新手来说，会显得很棘手，有些销售员甚至知难而退，放弃说服工作。其实，大可不必这样，应该向客户核实事实，然后采取相应的对策解决这一误会，你可以这样回答：“是吗？很好，能从朋友那里购买，肯定是信得过的产品，你们一定关系很不错吧！”（稍微停顿一下）

对于这样的回答，可能有些善于言论的客户会从容应付过去，但一般客户会这样说：“哦，大概是这样子的吧！好多年了！”或说：“叫我怎么说呢？”或说：“你管太多了，我的朋友与你有什么关系啊！”

这样，我们就能看出对方是不是在说托词。接着，你可以说：“这个请您做参考好吗？”一边拿出产品说明书、图样给他看，或操作示范机器，一边劝导客户买下来。如果客户一点儿也没有改变心意，推销员就必须想办法进行游说，或作个长期计划，先慢慢成为客户的朋友，再逐步开展推销事宜。

（2）客户对目前的供应商很满意

当客户说“目前我们的供应商的工作就已经很好了”时，可能有些销售员会认为这种销售瓶颈根本无法突破，事实上并不是这样，因为虽然客户对目前的供货商已经很满意，但这并不代表该供应商的产品和服务是最好的。此时，如果你能让客户继续说下去的话，也很容易找到机会的。比如，你可以给客户先派送样品或尝试性的订单，向客户展示能证明你的产品的价值的东西。除此之外，在面对这种情况时，销售员还能怎么做呢?

1.具体问题具体分析

任何问题的出现都是有理由的，客户拒绝销售员也是一样。而客户满意现在的供应商，说明一个问题：此供应商的产品质量和服务态度都让客户满意，这就是客户与供应商合作这么长时间的原因，也是客户拒绝销售员的原因。找出这一原因，销售员也就能逐步解决这一难题了。

销售人员在了解了这些原因之后就应该采取以下步骤：

（1）取得资料，了解客户现在的供应商。

（2）激将劝导："董事长，身为一名企业家，您应该积极寻找能给公司带来最高利益的方法。"

（3）专业性的建议："周经理，现代社会竞争激烈，最高的性价比是在比较中产生的。就比如供货商，当我们对供应商很满意的时候，我们还是需要找另外一家供应商当作参考，以确保自己真正得到最好的价格、最好的商品与价值。"

（4）询问客户选择的原因："您用什么标准来衡量您的供应商？"

2.让客户了解产品的优势

销售员可以为客户算一笔经济账："张经理，您可能也知道，我们报纸在全国的发行量都是相当大的，因此贵些。可是如果您在其他小报上做几个广告，这些小报合起来的发行量还不如我们一家报社，费用却高多了，您说是吧？"

3.强调产品能给对方带来的利益

客户购买产品的前提是希望产品能给自己带来利益，因此，只要销售员懂得在这个方面多下功夫，客户一般都会心动。

告诉客户产品的销售量和畅销程度，使其产生紧迫感

销售员要达成交易，首先要解决的问题就是激发客户的购买欲望，让客户动心，若客户对产品没有任何兴趣，何谈购买？而在现实销售中，有时候，我们使出浑身解数，向客户展示产品的众多优点，可顾客似乎却不吃我们那一套，但如果换种推销的方式，比如说，拿出实例，告诉客户产品的销售量和畅销程度，进而放大顾客的需求，就会让顾客产生紧迫感，我们引导客户的目的就达到了，客户也会加快购买脚步。

杰克是一家燃气公司的推销员。一天，他来到某小区，准备向准客户曾先生推销自己的产品。简单的介绍后，曾先生的回答很让人失望。

“我没用过你们公司的产品，不敢相信你们，万一有个好歹，后悔都来不及。”

“曾先生，您多虑了，如果我们公司的产品真的出过事故，那么我还会站在这里与您交谈吗？而且，产品的质量是我们推销最有力的武器。”

“这倒也是，不过口说无凭，我还是不敢相信你。”

“曾先生，您看，这是上半年我们公司的销售情况表。”说着，杰克便把一本销售目录拿出来给客户看。

曾先生一看，他所在小区居然有一大半以上的用户都用杰克推销的燃气。为了确定杰克的推销目录的正确性，曾先生还拨通了这些邻居的电话，证明了杰克所说属实。后来，曾先生二话不说，购买了杰克的燃气产品。

从范例中，我们发现，杰克所使用的这种技巧很值得学习，他之所以能打消曾先生对产品质量的疑虑，说服曾先生购买，就是因为他出示了最有力的证据——销售目录表，其他客户的购买就是产品质量的最好的证明。

研究表明，虽然客户能找出千万个借口来拒绝销售员的推介，但最为根本的原因是习惯使然，客户总是对产品提出异议，并不是因为他们真的对产品不满，而是因为人们与生俱来的对新事物的防备导致的。其实，这更表明客户对产品感兴趣，此时，只要我们主动采取点心理技巧，比如，向客户展示产品的畅销度，就能让客户产生一种购买产品的急切欲望，就能改变客户的态度，让客户信任我们。

对此，我们可以从以下几个方面入手。

1.表明产品的畅销度

人们都有一种从众心理，在购买过程中，这种心理更为明显，这是降低内心危险意识的一种典型体现。销售人员要想促成顾客购买商品，利用这种从众心理促成交易，也是一种不错的选择。尤其对于那些追求流行的客户，这一招经常可以起到作用。比如，你可以拿出产品的销售情况表，告诉客户："您看，这是我们这个月的销售情况和客户反馈意见表……"这是产品畅销度最好的证明方法，客户自然会打消心中疑虑，购买产品的欲望也就更强烈。

2.让客户看到其他客户对产品的反馈情况

如果顾客强调要购买某品牌产品，唯一能改变顾客想法的就是向他展示其他顾客对产品的反馈情况。因为人们都害怕吃亏，只有当周围的人都已经购买并反映良好时，他们的这种危机意识才会有所消减，这就是人们所说的从众心理。这也就是为什么顾客对产品的反馈情况常常被当作一种证明产品信誉、口碑、质量的事实依据。可见，消费者对产品的反馈和评价，对产品本身来讲非常重要。所以，在你向此类顾客介绍产品时，你务必要向他出示其他顾客对产品的反馈和评价表，如果内容可以细化到客户的年龄、职业和对产品的具体评价，那么效果会更好。这不仅可以从侧面表现出产品的畅销情况，也间接说明了产品的适用面，可以说是一种很有效的引导方式。

3.借助权威为产品打广告

销售员可以借用专家的研究或分析结果，也可以借用与知名人物或企业的合作来强调产品的品牌。这种事例资料浅显易懂，真实可信，十分具有说服力。如："某某500强企业一直在用我们的产品，到现在为止，已经和我们公司建立了5年零8个月的良好合作关系。”在说明的同时，用一些图片或是资料进行辅助证明，就能发挥出最好的效果。如果销售员告诉客户：“我们是奥运合作伙伴，这是我们的合作标识。”那么客户不仅欣然接受，也会深信不疑。

客户对产品提不起兴趣并不是客户不需要，很多时候，是我们没有激发起客户购买的欲望。此时，如果我们能为其摆出一些事实例证，那么这就是最好的引导技巧，就可以激发客户对产品的信任度，从而让其放心购买！

客户总爱刨根问底，如何激发他的购买欲望

虽然我们一直强调诚信，但还是存在一些违背这一原则的经济现象。而正是这一原因，导致了很多客户对销售这一工作存在偏见，他们认为销售员是为了推销而推销，销售员的话决不能信。而购买产品的时候，他们更是小心翼翼，处处提防，并喜欢刨根问底。客户这样的态度，无疑为我们的销售工作带来难度，但即使如此，只要我们善于运用心理技巧，彻底消除客户的疑虑，让客户信任我们。

实际上，如果我们能保持镇定和耐心，积极寻找应对的策略，就如同案例中的这位导购员一样，即使心里已经觉得不耐烦，也要调整心态，继续耐心回答顾客的问题，那么，客户心中的疑虑逐渐消除后，自然也会放心购买。

另外，还有些客户喜欢刨根问底，这是性格所致，他们无论做什么，都会做到深思熟虑，力求滴水不漏。但不管什么原因，销售员都要运用技巧，消除顾客的疑虑，从而实现交易。

具体来说，我们应该做到以下几点：

1.态度坦诚

这类客户疑心重，就是因为不相信销售人员，但如果我们能态度坦诚，不矫揉造作，注意说话的语气，给他以坦诚老实的感觉，那么，最终是能打动客户的。相反，如果你眉飞色舞、唾沫横飞，就会给顾客造成一种华而不实的感觉，进而会把这种感觉过渡到你的产品上去。

2.不要试图“收买”客户

虽然人们都爱占小便宜，但在与这类多疑型客户打交道时，我们一定不要以为用小恩小惠就可以“收买”他们，如果这样做了，很容易适得其反，引起他们更深的怀疑甚至误解。所以，我们要尽量理解他们的情感，尤其是他们多方面的疑虑和意见。

3.主动说出产品一些无伤大雅的小问题

客户也明白，任何产品都不是十全十美的，如果我们一味地吹嘘产品的性能和质量，势必会引起客户的怀疑；而如果我们能适当表示出对顾客意见的同意，甚至可以主动地承认产品的一些小问题（当然这些问题是无伤大雅的，不会影响到产品的使用），就可以换得客户的信任。如：“不瞒您说，我们的产品在时尚元素的追求上，还是做得不到位，但我们会努力的。”

4.拿出让客户折服的证据，让客户彻底被说服

事实胜于雄辩，如果顾客对你的话半信半疑，不如直接向顾客出示一些实在的证据来，证明你说的话是真实的。比如，我们可以说：“先生，我知道您担心产品的质量问题，这我可以理解。您看，这是我们的产品证明书和客户反馈意见表……”

总之，面对这类喜欢刨根问底、对销售员和产品不信任的客户，我们的工作重心就是要保持耐心，逐一消除客户的疑虑，从而让客户放心购买。

第14章 保证优质的服务，悉心的服务是销售长青的秘诀

作为销售员，我们都知道开发客户的重要性，这一点自然毋庸置疑，但与客户保持稳定关系也是非常重要的。事实上，不少销售高手都是通过老客户来做成生意的。与客户签单并不是销售工作的结束，而是开始。销售员若想扩大自己的忠实客户群，就要不断利用售后的机会，即使售后已经不是你的工作范畴，你也要注意与售后部门密切配合，为客户提供一流的售后服务工作。这不仅可以减少客户投诉，提高客户忠诚度，还可以扩大销售。

二八法则：为关键客户提供贴心的VIP服务

作为销售员，我们深知，不同的客户带给我们乃至企业的是不同的收入与利润。从越来越多的企业或商家的销售统计来看，80%的收入是由20%的大客户带来的，有时候90%的盈利是由不到10%的客户创造的。于是，就有了关键客户的产生。所谓“关键”，是指那些对企业具有战略意义、能对企业盈利做出重大贡献的客户。关键客户也就是我们俗称的“大客户”，或者用英文来表达即所谓的“VIP”。各个行业都可以看到大客户的身影，从股市的大客户室，中国电信大客户事业部，再到航空公司的头等舱，衡量一个客户价值的标准不只是看他的社会地位和身份，更重要的是看他对公司利润贡献的大小。传统的营销观点认为，客户就是上帝，公司对所有的客户无论大小都会一视同仁，但在实际操作中，这条规则却是不成立的。

所以，在客户关系的维护上，我们要牢牢盯紧关键客户。而防止关键客户

“跳槽”的最根本的做法是提升客户的满意度，令其真正享受到VIP的待遇，进而提高忠诚度。我们先来看看下面的案例：

王平是平安保险公司的销售员，销售业绩一直名列前茅。他有个整整跟踪了三个月却没有做下来的大客户，他知道能否拿下这个订单，直接关系到自己本季度的销售额。

对方是某建筑公司的总经理刘某。这天，他得知刘总的儿子考上了清华大学，他心想，这是个问候刘总的好机会。于是，他来到这家公司，绕过了秘书，见到了刘总。一见面王平就热情地说：“刘总，您好，很高兴又见到你了，听说你的儿子考上清华大学了，恭喜你啊。”

刘总本来对王平抱有很强的抵触心理，但一听到王平谈到自己的儿子，就心花怒放，喜上眉梢，于是他和王平就这个话题谈了起来。

这一谈不要紧，刘总防备心早就抛到九霄云外了。谈了一早上之后，刘总心情大悦。王平抓住这个机会，拿出保险合同说：“刘总，你看这么高兴的事情，应该同喜同乐，你给员工们买份保险吧，让员工们也能分享到你的快乐啊。”

刘总正在兴头上，想也没想，拿起笔就在合同上签了字。就这样，王平花了三个月没跟下来的单子终于被拿下了。

从这个故事中，我们了解到，保险销售员王平之所以能拿下这个大客户，是因为他能体会客户快乐的心情并选准时机。

那么，根据二八法则，我们该怎样服务大客户呢?

1.提升自身素质

一般来说，大客户的要求很高，所以销售员必须要时刻留意客户的动向、行业动向，抓住客户在不同时期的发展需求，提供相应的服务。服务大客户对销售员的综合素质要求很高，无论是交际能力，还是专业能力都要过硬，所以首先要提高销售人员的素质。

2.保持与大客户的沟通

能随时保持有效的沟通非常重要，这就又回到销售人员的整体素质上去了，对此，我们要利用一些时机多交流，随时关注大客户的动向。

3.为大客户制定个性化服务

针对不同的大客户要制定出个性化服务，让客户感受到我们不是在与他们做生意，而是在为他们服务，在帮他们的忙，这点很重要。

4.掌握为大客户服务的三重境界

单纯的微笑永远不是“以客户为中心”的经营理念的核心。我们要实现从产品和服务的提供者向长期合作伙伴的转变。

为此，我们需要掌握为大客户服务的三重境界：

（1）第一重境界：我们要将现有的服务高品质地推给客户，让客户感受到热忱、周到的服务，用细节感染客户。

（2）第二重境界：“因客户而变”，即站在客户的角度，来设计服务流程，打造产品。

（3）第三重境界：主动引导客户，通过不断地推出新产品、新服务等手段来牵引客户，不断创造兴奋点。

现实工作证实，不变的客户给公司带来的收益会远多于经常变换的客户。客户的每一次变换都意味着风险和费用，而关键客户的转变更是事关我们的业绩和企业利益。因此，作为销售员，在维护客户的关系上，我们一定要盯住关键客户，令其真正感受到VIP待遇，只有这样才能稳固和大客户的长久合作关系，我们的销售工作才能继续进行。

定期回访，让老客户看到你的责任心

长期以来，销售行业存在这样的情：一些销售员对新客户热情相待，但对老客户没有一点耐心。其实老客户就像老朋友，维护好与老客户的关系，做好老客户的回访工作，既能为推销员赢得良好的信誉，又有可能促成老客户的二次购买，还有可能通过老客户的再介绍，开发出更多的新客户。

所谓回访，是指公司客服部门相关负责人，了解本公司的客户对本公司的产品及服务的态度并解决一些问题，从而达到更好的服务水平，来提升公司的形象。所以，做好客户回访是提升客户满意度并为之带来新客户的重要方法。通过客户回访，可以令客户感受到你的责任心，还可以得到老客户的认同，有时还会得到意想不到的效果。

老王是某锅炉厂的推销员，任何一个接触过他的客户都称赞他是个有责任心的人。

一次，他向某物业公司的张总推销出去一台中型锅炉。尽管合约中已经注明安装需要卖方自己解决，张总也没有提出安装的要求，但老王还是带领公司的一些技术人员替张总安装了锅炉。安装完毕后，一次点火成功。

三天后，老王和一个技术人员又去检查，并询问使用情况是否满意。以后，每隔2个月，不仅公司派专员前往访问，老王也不断和张总沟通。张总看到老王对客户服务这么热诚，不招即来且服务周道，深受感动，主动和老王交朋友，并且他极力动员另外几家公司也去找老王买锅炉。朋友的劝说比老王更灵，于是老王又增加了两个主顾。

案例中的老王之所以能和客户张总交成朋友，并在未开口的情况下，就得到客户的帮助，为其介绍新客户，主要原因在于他经常对客户进行回访，让客户感受到他的责任心和良好的服务质量。可见，与客户成交之后，为客户提供一流的售后服务是非常重要的，它关乎到公司和销售员在这个行业中的口碑。

和售前相反，在售后服务中，销售员拜访客户越是殷勤，客户对你的产品就越是信任，越是相信你的工作能力和责任心。在售后服务中，你的工作是否做到位直接影响客户对你和你的产品的忠诚度。

所以，销售员一定要工作努力一点，拜访客户勤快一点，这样，客户的担心就少一点，对你的信任就多一点。即使产品出现一些意外情况，你能第一时间出现，客户也不会怪罪于你，反而感激你的负责。这样一来，客户没有理由不和你合作，也没有理由不依赖你，成为你最忠实的客户。所以，销售员在跟单的时候一定要认真和勤奋，因为这样能获得客户的依赖。

那么，关于对客户的回访工作，我们该怎样做，又该注意哪些问题呢?

1.回访的方式

（1）定期回访。这种方式可以让客户感觉到你的诚信与责任，同时要注意回访的时间要合理，如：以产品销售出一周、一个月、三个月、六个月等周期为限进行定期的电话回访。

（2）提供售后服务之后的回访。提醒客户应该注意的问题，以此让客户感受到你的专业水平。特别是在回访时发现了问题，一定要及时给予解决，最好在当天或第二天到现场进行问题处理。

（3）节日回访。在平时的节日回访客户，同时送上一些祝福的话语，以此加深与客户的联系。这样不仅可以提高你的亲和力，还可以让客户产生优越感，增加对你的依赖。

回访客户的方式多种多样，但从实际的操作效果看，电话回访结合当面回访是最有效的方式。

2.掌握客户回访的步骤

在回访客户时，首先应该向老客户表示感谢，然后询问他们对已购产品的看法，以及现在没继续购买产品的原因。如果在上次的交易中有不愉快的地方，推销员一定要道歉，并主动征求老客户的建议。

3.回访中应注意的问题

就电话回访客户而言，一定要避免客户在当天接到两次回访的电话，因为这会引起客户的反感。为了将售后服务做到更好，销售员最好将本周的回访统一在周五或周六，以问候的形式进行回访。另外，通过回访，要能从中发现问题。客户反映的问题当时能解决的就在当时解决，没有解决的一定在本周内解决。要从回访中提高客户对你的满意度。

任何一个销售员都知道，开发一个新客户花的时间是维护一个老客户的时间的3倍。权威调查机构调查的结果显示：正常情况下客户的流失率在30%左右。为了降低客户的流失率，销售人员需要时常回访，以与客户建立起良好的关系，从而激起客户再次购买的欲望。

让客户感到自己永远是最被重视的那一个

任何一个销售员都知道，良好的售后服务是留住客户、形成口碑、塑造企业良好形象的重要前提。销售员负责的是销售工作，但是仍然要尽最大的努力帮助客户解决售后问题。不管客户遇到什么问题，都要尽心为其解决，切忌推卸责任，要知道客户不会同一个不负责任的人合作两次。

产品的销售是不同于一般的工作的，它是向前无限循环、不断扩展的工作，没有终点。从这一角度来看，如果一个销售员能够做好售后服务工作、让客户满意的话，就很可能能为自己带来新的生意。

曾经有记者问世界顶级销售大师乔·吉拉德：“我知道您从事汽车销售行业的第二个月，就一下子买出了好多车，最好的成绩是一天十八辆车，这个纪录到目前都还没有被打破过。那么，在您汽车销售的职业生涯中，有没有什么原则是你一定要遵守的。”

乔·吉拉德的回答是：“当我卖给你一辆车以后，我要做三件事——服务、服务、还是服务。有人问我：‘乔治，我一个月只卖掉四辆车，都有点照顾不过来客户了。你的业绩可是平均一天卖六辆，你是怎么为这么多客户提供服务的？’一个月卖掉四五十辆车对我来说太容易了，我与一家很有情调的意大利餐厅签有合约。在每月的第三个星期三，我会邀请客服部的三十六位维修汽车的技工，与我一同进餐。我给予他们关爱，重要的是他们也表现出对我的爱。所以当客户来的时候，我的助手去客服部能请出四位技工，他们二话不说打开工具箱马上开始修车。如果你是客户，你会去找谁买车？卖车时我会给你承诺，我绝不会对这辆车置之不理你叫艾迪，对吗？艾迪，我决不会抛弃这辆车，我会一直关注这辆车。无论你何时何地需要我，我都会给你的车提供超乎想像的服务。投之以桃，报之以李。通过口碑相传，乔·吉拉德的服务尽人皆知。全美国的人蜂拥而至，来我这里买车。”

任何一个销售员都羡慕乔·吉拉德的销售业绩，那么，我们也应该和他一样重视对客户的售后服务。当我们把产品卖出去以后，并不是万事大吉了，相反，这正是下一次销售的开始。客户购买完产品，无论是对产品质量、使用方法等存在疑问，还是需要维修，我们都应做到不遗余力地为客户服务。只有让客户满意，才可能打开新的销售大门。乔·吉拉德所谓的“口碑营销”就是这个道理：如果你的产品和服务都非常优秀，价格也合理，有时不用你要求，客户也会介绍他身边的人找到你。

那么，销售员该如何做好售后方面的工作呢？

1.推销完毕之后对客户进行追踪

当我们把产品推销出去之后，还要和客户保持联系。这样，我们可以深入了解客户的要求，知道他们是否对我们推销的产品感兴趣，同时在和客户交流的时候，进一步了解客户的新的需求。如果我们了解到客户对产品存在着某些疑问，对产品有一些意见，我们一定要在最短的时间内采取措施，以满足客户的需求并表示抱歉。这样，可以延长销售员同客户联系的时间，并在联系的过程中，让客户感到自己购买此产品是明智的，这会提高他们再次购买的可能性。

2.建立客户“发泄机制”，及时弥补客户的不满

作为销售员，我们都知道，即使做工再精细的产品，也会存在一些不足；同时，客户在使用产品的过程中，也可能因为使用不当，产生一些问题，这些问题

都会让客户产生抱怨甚至投诉。对此，一些销售员觉得很难接受，认为客户太挑剔，是在故意找茬儿。在处理这些问题时，我们不要以推脱的态度，把责任归结于售后部门；或者一遇到抱怨的客户，就像泄了气的气球，只会打退堂鼓。这是十分不可取的。

被誉为“经营之神”的日本企业家松下幸之助曾说过：“对待有抱怨的顾客一定要以礼相待，耐心听取对方的意见，并尽量使他们满意而归。因为，他们将会为你的产品做免费的宣传员和推销员。”作为销售员，我们应该理解客户，并建立客户“发泄机制”，认真倾听对方的抱怨。只有这样才能为客户提供优质的服务，同客户建立长久的合作关系。

3.做好定期的回访工作，令客户感到你的责任心

做好客户回访是提升客户满意度并为之带来新客户的重要方法。客户回访对于维护老客户来讲更重要，通过客户回访，可以令客户感受到你的责任心，还可以得到老客户的认同，创造客户价值。充分利用客户回访技巧，会得到意想不到的效果。

总之，销售员只有做好售后服务工作，取得客户的满意，才能处理好与客户的关系，与他们交朋友，得到他们的信任、欣赏，这样才有可能通过老客户找到新客户。

提供周到的服务，从而制造新的销售契机

作为销售员，我们都知道，让客户决定购买，与客户签售协议，是销售工作的最终目的，我们的业绩好坏也取决于成交量的多少。因此，一些销售员认为，只要客户完成购买，就万事大吉，就意味着销售的结束，实际则不然。一次销售

的结束，恰恰是另一次销售的开始。聪明的销售员即使在销售结束后，还不断殷勤地为客户服务。因为他们明白，赢得售后是产品的“第二次竞争”。客户在使用产品的过程中，无论遇到什么问题，他总是能及时出现，帮助客户解决问题。当客户习惯于他的服务后，便产生一种依赖感：无论他需要购买产品还是售后服务，总是会想到这位销售员。于是，这位客户便成为这位销售员的最忠实客户。

可见，销售员若想扩大自己的忠实客户群，就要不断利用售后的机会，虽然售后已经不是你的工作，但你也要注意与售后部门密切配合，为客户提供一流的售后服务工作。这不仅可以减少客户投诉的机会，提高客户忠诚度，还可以扩大销售。

乔·吉拉德有一句名言：“我相信推销活动真正的开始在成交之后，而不是之前。”他深信：在成交之后继续关心顾客，将会既赢得老顾客，又能吸引新顾客。于是，乔·吉拉德每月会给他曾经的顾客寄出上万张他亲笔签名的贺卡，让顾客们永远记住乔·吉拉德，永远记住买汽车就只要去找一个人就可以了，那个人就是——乔·吉拉德。

与客户成交之后，为客户提供一流的售后服务是非常重要的，它关乎到公司和销售员在这个行业中的口碑。而且，在通常情况下，客户的抱怨中有0%是关于产品售后服务的，这就说明售后服务在销售中是十分重要的，它代表着销售的精神、文化和现象。因此，一流的售后服务是处理客户投诉、防止客户抱怨的有效的途径。

任何一个稍有经验的销售员都知道销售行业中的“二八法则”，即80%的销售额是由20%的重要客户来实现的，而这20%的重要客户可以说是销售员长期合作的忠实客户，也叫“堡垒户”。如果丧失了这20%的忠实客户，那销售员将丧失80%的收入。

那么，销售员用什么方法才能在激烈的市场竞争中牢牢地抓紧这些忠实的客户呢？那就是优良的产品和第一流的售后服务，两者是相辅相成的关系，但有些销售员却没有意识到售后服务在销售中的重要地位。

现在越来越多的企业注重用一流的售后服务来维系和稳定客户，同时将它作为企业竞争力的标志。这说明，售后服务在整个销售中都是很重要的，它不仅维系过去的“老关系户”，而且对新客户也是极具诱惑力的。售后服务是关系到企业生存和发展的重要因素之一。因此，销售员必须做好售后服务，维系以往的忠实客户。只有占有了客户，收入才能滚滚而来。

那么，具体来说，销售员怎样做才能赢得售后呢?

1.经常问候你的客户，让客户随时都感觉到你的存在

有时候，销售员凭借自己的口才说服客户购买，但不经常和客户联系，那么，客户很可能会忘记和你合作过。如果产品不存在什么问题，大家还相安无事；一旦产品出现问题，客户就会质疑你的公司和产品，更不可能介绍给你新客户。相反，如果你经常与客户联系，在重大特殊的日子里，给客户送上最温馨的祝福，即使你和客户是新交，也能混个耳熟。当客户下一次准备购买或者有新客户的时候，一定第一个想到你。

2.随时让客户了解到你和公司的最新发展状况

销售员自身的发展也是依靠公司的，如果你的客户知道你所在的公司正在发展壮大，也一定会对你多一份信任。所以，销售员对公司新产品的宣传一定要到位，让客户觉得你所在的企业是不断发展壮大的。如果销售员将这方面的工作做到位，无疑是解决了客户的后顾之忧。客户对合作没有顾虑，实际上就是对销售员的依赖和信任。

总之，推销是一个连续的过程，成交既是本次推销活动的结束，又是下次推销活动的开始。推销员在成交之后继续关心顾客，将会既赢得老顾客，又能吸引新顾客，使生意越做越大，客户越来越多。

第15章　实现双赢，客户看到性价比才会选择购买

在成交阶段，销售员要达到的目的是实现利益的最大化，而客户也希望购买到物美价廉的产品，为此买卖双方皆赢的利益结果很难对等。但销售不是战争，不是你死我活，你输我赢，只要我们遵循双赢的成交原则，为客户展现产品的性价比，做出适当让步，客户自然会选择购买！

双赢是成交的基础

利润是业绩的前提，为此，一些销售人员会为了追求利润，不顾客户的利益，最终导致了客户的流失。事实上，但凡能在市场上长期站稳脚跟的企业和销售员都懂得双赢的道理，同时，这也是能维持长期合作关系的前提。销售员应本着双赢的理念开展工作，并时刻以双赢作为成交的基础。

陈琳是一家油漆生产公司的推销员，她推销的油漆既环保又无异味，很适合现在家居环保的要求。正是因为这一优点，陈琳的生意一直很好。最近，她与一名房地产负责人李经理洽谈了许多合作事宜，但是李经理坚持要陈琳降价，陈琳无法做决定，于是谈判暂时搁置。不久后，陈琳得到领导的授权后再次来到李经理的办公室。

陈琳：“经理你好！您提出降价的条件，我已经与我们的负责人商量过了。他说，如果您能在贵小区优先替我们的新产品做广告宣传的话，我们公司愿意以最低的价格与您这样的大客户长期合作。”

客户：“我们从不主动推荐业主用哪一种油漆涂料。”

陈琳：“您不用推荐，我们只需要一个安全的宣传环境就行。”

客户：“你们要宣传多久？”

陈琳：“开盘开始后的一年。”

客户：“可以。”

最终，李经理以最低的价格成交，而陈琳所在公司旗下的的新产品油漆也得到了大力的宣传，销量很好。

范例中销售员的聪明之处，就是利用了双赢这一原则，让客户和销售员实现了利益互补，交易达成自然水到渠成。相反，如果销售员一心想着如何占客户的便宜，他要么会因为贪婪而误入歧途，要么会驻足不前没有业绩。做生意终究还是赚取利润，所以实现双赢是一种很理想的状态。

那么，销售员如何做才能与客户实现互利共赢呢？

1.诚信为先

当今社会，有些产品确实存在一些虚假成分。比如，某某减肥茶，十天减掉二十斤；某某特效药，能治癌症等。很明显，这些产品的功用都是虚假的。也有一些产品并没有达到销售员所描述的功用，但有些客户急于使用就购买了，他们很快发现并没有预期的效果，于是，就开始投诉。其实，想要获得双赢，销售员必须明白，诚实守信是一切交易的前提，也是实现双赢的前提。在介绍产品的时候，销售员一定要实事求是，切忌添油加醋地一味夸大，更不能欺骗客户。否则一旦被对方拆穿，就很难再取得客户的信任，交易也就很难进行下去。

2.从客户的需求出发

有些销售员一味地为客户推荐最贵的产品，但实际上，这些产品对客户并没有太大的帮助。作为销售员，我们应该事先了解客户的真实需求，真诚地替客户着想，为客户提供最适合他们的产品，让客户认识到产品所能带给他的优势，并切实感受到了足够的利益，这样客户才会在一定程度上做出退让，从而实现双赢。

3.站在客户的立场上，为客户着想

当今市场，销售行业竞争激烈，同类产品很多，质量好、服务好的商家也很多，客户有了很多的选择余地。那么，怎样才能让客户来自己这里购买呢？那就是从客户的利益出发，多为客户考虑。而许多销售员总会在无意当中和客户划清界限，每说一句话，仿佛都在提醒对方：我是销售员，你是客户，我们是利益对立的关系。这种销售方式绝对不会获得客户的青睐。

“这种产品的市场价格一直很高，我们的已经很低了，总不能让我们亏本做生意吧！”

“这种产品的价格确实贵了点，但你想想看，它的性能好才可以支持贵公司的高强度作业，安全才有了保障。”

第二种说法虽然也是在消除客户的价格异议，但能联系到客户的实际情况，显然更容易被客户接受。要想得到客户更多的信赖，销售员就要站在客户的立场上为客户出谋划策。

4.保持长久联系

对于销售员来说，建立客户档案很重要，这有利于培养和客户之间的感情。在平时的生活中，销售员也要不断关心客户，让对方视我们为朋友。这样，没有成交的客户会成为我们的准客户，已经成交的客户会同我们再次合作。

需要注意的是，建立客户档案并不是简单地记下和你联系过、合作过的客户，而是要在每个客户档案上详细填写每一项资料，包括客户的家庭情况、兴趣爱好等，做到全面、详细，这样你才能对症下药，根据客户不同特点采取不同的应对措施，更好地满足自己和对方利益。

5.给自己和客户制定价格底线

这就需要销售员具有敏锐的观察力，你不妨先打探或是分析一下客户理想的价格是多少，然后以此为依据给产品制定一个最低价格，保证自己的利润，在商讨价格时尽量远离这个标准。一旦客户提出的价格低于这个标准，就要想办法提高产品在客户心中的位置和价值，或者在客户面前表现出为难，让客户知道提出的价格过低了。总之，销售员在让步时切记要给自己制定一个价格底线，这样才能获得客户的认同，实现双赢。

6.双方达成协议

销售员要注意，对于关系再好的客户也要用合同或是书面证明做保障，也就是签约。对于销售员来说，这是保护自己利益的最根本、最有效的方法，也是业绩绩效、年终收入的凭证。

适当让步，实现双赢

在商业谈判中，人们经常说："喊价要狠，让步要慢。"人们总是比较珍惜难于得到的东西，在商战中也同样如此。客户不会欣赏很容易得到的成功，太容易得到的东西就不会太珍惜。因此，销售人员要学会让客户努力争取产品，即使要做出让步，也不要轻易做出。

客户："我还是觉得有点贵……"

销售员："其实这双鞋特别受欢迎，但是因为数量有限，所以我只是推荐给那些穿起来好看的女孩。前不久一个女孩想要330元买下，和我谈了很长时间，我也没卖。那你给出个价，看看你想多少钱买。"

客户："330元也不卖？"

销售员："对，这个是最低价了。"

客户："那335元吧，我也不和你讨价还价了。"

销售员："好吧，我帮你装起来。"

案例中的销售员是很聪明的，面对即将成交时的讨价还价，她适当让了一步，留住了客户。可见，成交时，销售员一定要懂得变通，如果一味坚持自己的立场、不肯让步的话，往往会造成客户的流失。

的确，在销售中，价格一直是销售员头疼的问题，如何给对方让步也令一些销售员束手无策。如何把让步作为谈判中的一种基本技巧、手段加以运用是让步策略的基本意义，而了解让步的形态和选择是运用好让步策略的基础，以下是给谈判者提出几点让步的策略。

1.使对方首先做出让步

谁先让步也是让步策略中的一个问题。很明显，先让步的更容易失去谈判的主动地位，因为首先让步的一方必定是在心理上已经处于劣势了。所以，销售员要尽力让客户先做出让步，即使你非让步不可，也要在能得到一些回报的基础上让步。

2.给对方一个让步的理由

很明显，先做出让步的一方会在心理上有压力，而且会损失面子。销售员一定要学会找出一个有利于双方的台阶，然后顺势让客户做出让步。比如，为他人的让步尽量保守秘密等。

即使是老练的谈判专家，有时候也不得不做出让步。不过在这种极为不利的形势下，仍要设法应对，以保住谈判的主动权。在这种情况下，最重要的就是先向对方详细说明让步的理由，让对方了解你并非因为立场不稳，或是所提出的主张不够正当，才做让步的。

3.做好让步计划

销售员要明白，让步是谈判中不可缺少的一部分，要想谈判成功并获取最大利益，你就要学会如何巧妙地计划出你的让步内容和步骤，因为让步并不是无规律可循的，未雨绸缪，有计划的做事，才会让事情多一份胜算。

4.善于观察，探对方口气

在成交前，销售员如果过早地做出承诺，会很容易陷入被动局面。销售员一定不要在没有预见到长期或短期后果前就做出让步。正确的做法是试探地提示你的让步，然后密切观察对方对你谨慎的提议的反应（口头的或书面的），可参考的说法如："假如我……你会怎么说？"根据客户的反应以及表现，销售员再做出是否要让步以及多大让步的决定。

5.征求让步条件

不管什么时候，销售员都不要忘了互惠互利的原则，即在提出让步的同时，要求对方也做出相应的让步。可能的话，在让步之前，应提出某个交换条件，告诉对方："我知道了，关于这一点，我可以做出让步。不过，我希望你也能……"这就表示，让步并非单方的，而是谈判双方各让一步。这么做，可以防止谈判的主动权落到对方手中。

6.让步不能过于频繁

真正高明的销售员在谈判的时候，不是不做出让步，而是会做出巧妙的让步，同时也绝不会让步过于频繁。所以，关键的问题不在于要不要让步，而在于怎样让步。

让步无非有两种组成因素：让步的幅度和是让步的次数。一般来说，让步幅度不能过大，让步的次数不能过于频繁，这样的让步才最容易取得成功。因为如果让步的幅度过大，或者次数过于频繁，就会轻易暴露自己的谈判底线，使自己陷于被动。

满足客户想占便宜的心理促成销售

在销售活动中，成交是我们的目的，而在成交前，客户难免会提出各种问题，也有假意拒绝的，毕竟每个客户都会考虑到自己的利益。而销售人员就应该在关键时刻抓住客户这一心理，对于客户提出的不同利益问题加以引导，促成交易。

小张是一名手机销售员，一次，当她为客户介绍了很多产品后，顾客还是撂下一句话："你们这手机太贵了，我可买不起，我还是去别家看看吧……"

小张一听火了，自己介绍了这么久，就得到这个结果，于是她气急败坏地说："我看你不是诚心买手机的，倒像是搞社会调查的。"

结果，这话被顾客听到了，和小张吵了起来……

销售员要达到的最重要的目的就是达成交易，没有达成交易等于前功尽弃，案例中的小张就忽视了这一点。有以下几种情况，使销售停滞。

1.客户嫌贵

嫌贵才是买货人，告知客户一分钱一分货的道理。

（1）比较法

①与同产品的其他销售方所定价格以及质量比较。

②与同价位的其他产品比较。

（2）分离价格法

可以将一个产品的价格划为几个部分，划分的标准可以是时间，或是更小单位的产品。4这样一拆分，客户就不会觉得贵了。

（3）赞美法

你可以赞美客户在购买产品后会获得某种明显的利益和好处，这样，无论出于面子还是真实的利益需求，客户都会购买。

2.顾客希望可以更优惠一点

你应该告诉客户，便宜没好货。

（1）以情动人，让客户知道你的为难

你可以对客户说："这已经是最低价位了，我刚也帮您问了经理，实在是不能再降了。"客户一听就明白你也有难处，也就不再为难你，而心甘情愿地购买了。

（2）告诉客户价值与价格一般是等同的

告诉客户，真正价值高的产品，一般在价格上都会稍高一点，不要抱有用最低廉的价格购买到最优质的产品的侥幸心理。

3.顾客质疑为什么别的地方更便宜

你可以告知客户不是所有的产品都是货真价实的，现在假货泛滥，要小心被欺骗。

当然，你还可以从以下几个方面帮客户分析其他地方便宜的原因。

质量上，你可以说："我××（亲戚或朋友）上周在他们那里买了××，没用几天就坏了，又没有人进行维修，找过去态度不好……"客户听完，也就能明白为什么别的地方的产品便宜了。

服务上，你可以告知客户："对方的确比我们便宜一点，但是我们这里的服务好，可以帮忙进行××，可以提供××。您在别的地方购买，没有这么多服务项目，您还得自己花钱请人来做××，这样又耽误您的时间，又没有节省钱，还是我们这里比较划算。"

价格上，你可以先承认对方的确便宜一点，但是价格差异并不是很大，购买放心产品才是最重要的。

4.客户声称自己没有预算

销售员可以借力打力，告诉客户现在购买才是最省钱的办法。

（1）前瞻法

你可以告知客户，现在是此产品的价格促销期，促销期一过，将恢复原来价位，现在购买是最划算的。

（2）把快乐说足，把痛苦说透

销售员在说服客户购买的时候，可以先帮助客户分析购买产品能给自己和周围的人带来什么好处。然后，可以对客户说，如果不购买，将会造成多大损失。这种说服的办法一般情况下都能奏效，尤其在一些集体购买行为中，因为谁都不想因为放弃一次购买行为而落后于竞争者。

5.顾客质疑产品是不是物有所值

每个客户都希望自己购买的产品能物有所值甚至是物超所值，所以他们会对产品的价格产生质疑，对于这种情况，销售员可以这样帮助客户分析：

（1）应从长远的角度看

你要让客户明白，他的这种购买决策是很英明的投资行为。做出购买决策本身就属于投资，而既然是投资就要把眼光放长远一点，而不能局限于现在，产品是否物有所值也不是短期内能感受到的，要在使用的过程中才能感受到。

（2）反问客户，让客户坚信自己是明智的

你可以这样反问客户："您是位眼光独到的人，您现在难道怀疑自己了？""您的决定是英明的，您不信任我没有关系，您也不相信自己吗？"

总之，客户最关心的永远是利益问题，针对客户的不同心理进行引导，才能让客户产生及时购买的欲望，但销售人员要注意以下两点：

①注意自己的说话态度和表达方式，不要因为客户的预算不够而中伤客户，更不能伤害客户的自尊；

②要耐得住性子。很多客户在最终购买前，总会有很多问题，当我们为客户逐一解决这些问题后，生意也就做成了，所以千万不能心急。

用真诚去化解客户的异议

我们都知道，在销售过程中，即便客户有购买需求和购买欲望，也难免会有异议，而销售员只有真诚应对，让客户看到产品的高性价比，客户才会最终选择购买。

真诚是商业往来中的一种必不可少的态度，要想促成生意，达成交易，真诚不可或缺，在处理客户的异议时也不例外。真诚地对待客户，从客户的角度出发，才能更好地弄清楚客户的问题所在，然后再合理地帮助客户解决问题，从而获得客户的认同，促成交易。

在广州，有一个著名的修车厂的业绩一向比同行高，原因是这个修车厂的服务原则是“先修人，后修车”。当客户来修车时，心情肯定是不好的，所以修车厂的员工一般先安抚客户的情绪，然后才做生意。在处理客户异议时，他们也是这样，修车厂的经理说：“关注客户的情感和需求，直接与客户的情绪对话，真正了解客户的心声，了解客户的心理需求，并对此做出恰当的回应，将会大大提高成交率。”

该修理厂处理客户异议的方法是值得所有销售人员学习的，的确，只有真正从客户的角度出发，为客户考虑，才能得到客户认同。而这就要求销售人员在处理客户异议的时候做到以下几点：

1.设身处地替对方着想

人与人之间要达到一种共鸣，就必须做到倾听和认同。唯有认同才能拉近人与人之间的距离，这在处理客户异议时也是一样的。

当然，替客户着想并不是全盘肯定客户的观点，而是要认同客户的感受、了解其想法。销售员认同客户就可以拉近和客户的距离，这能为进一步解决客户的异议打好基础。

如果销售员能站在客户角度，多为客户考虑，那么就在无形中和客户站在同一立场上。双方解决问题的时候，会心平气和得多，这是成功解决异议的开始。

2.学会安抚客户的情绪

客户是上帝，当客户出现异议后，需要一种意见被重视的感觉。因此，销售员除了有专业的介绍产品知识的能力外，还要学会对客户进行“人文关怀”，在认同客户感受的基础上，安抚好客户的情绪，以友好、理解的态度来对待客户，从而给客户带来一种良好的感觉。

当客户产生了一种被重视的感觉后，内心的不快很快会平息，也就乐于与销售员沟通，那么，很多问题也就迎刃而解了。相反，如果你对客户的不快置之不理甚至予以回击，失去生意也就在所难免了。

3.真诚地去处理客户的异议

任何销售员都希望自己能顺顺利利地卖出产品，面对异议难免有情绪，但销售员要时刻记住，没有异议的销售是不完整的。你在面对这类情况时，应该调整好情绪，真诚地帮助客户解决问题，让客户感受到被尊重和重视，才能化解异议，完成销售。那么，销售员具体可以怎么做呢？

（1）积极询问。无论异议是真是假，客户产生异议都是有原因的。销售员只有通过积极的询问，才能找出问题的症结所在，然后找出处理和解决问题的方式。

（2）态度中肯，表达自己的诚意。任何一个客户都希望与自己打交道的是一个诚恳的销售员，因此销售员在与客户交谈的时候，一定要注意自己的态度，尽量将客户的不满与意见产生的原因归结到自己身上。这种诚恳的态度，一般都能打动客户。你可以这样说："这是我们的责任……是我的错……""不好意思，耽误您时间了，我立刻去办。"如果销售员用这种中肯的态度，客户自然就不予计较了。

（3）回答客户的异议。如果客户产生异议，销售员不予理睬，这无异于将客户拒之门外。称职的销售人员，不但懂得如何找出问题所在，还懂得准确回答客户的问题。当然，这需要具体情况，具体分析，但在一般情况下，异议是需要立刻回答的。这既是对客户尊重的需要，也是促成客户购买的需要。

不可急于求成，客户能从砍价中获得成就感

不少销售员都希望能高效率的工作，能在最短的时间内让客户完成购买，但交易的达成，并不是一厢情愿的行为。并且，人们购买产品，一般都会思虑再三，因为大家都总是喜欢讨价还价，一旦砍价成功，人们就能获得成就感，认为自己占了便宜。所以说，心急吃不了热豆腐，我们一定要有耐心与客户打好

价格战。

因此，我们在进行价格谈判时，一定不能把价格说死，要有一定的降价空间。因为在谈判中，无论你的的第一次报价多么吸引人，对方都希望获得更低的价格，一旦你的第一次报价过低，在谈判中就很容易处于被动地位，要么对方转身离开，要么商品被低价售出。

玲玲高中毕业后就自己开了一家服装店，因为眼光独特，进的一些衣服都款式新颖，尤其受年轻女孩们的欢迎。这天，一个女孩来买衣服，经过一番挑选，女孩把目光锁定在一件长款外套上。

玲玲："这件衣服是前几天刚到的货，不论是花色还是款式，都是非常时尚的。如果您喜欢可以试一下。"

女孩试过衣服之后。

玲玲："这件衣服非常衬托你的气质，正好你今天穿了一条白色的裤子，看，搭配起来多漂亮，而且现在就能穿。"

客户："恩，是不错。不知道价格怎么样。"

玲玲："这件衣服是新款上市，499元。"

客户："那么贵，只不过是一件外套嘛。不能便宜了吗？"

玲玲："这件衣服属于春秋装，现在是春天，到了秋天同样可以拿出来穿，而且绝对不会落伍。其实我很少打折的，难得你这么喜欢这件衣服，穿起来又这么漂亮，那给你打个9折吧。"

客户："好吧，那就拿这件吧。"

店主玲玲之所以会成功卖出产品，是因为她活用了价格策略：报价的时候稍微高一点，然后以打折的形式让客户感觉占了便宜，这样商品不仅能够以较合理的价格成交，而且不会造成客户的反感，让客户欢喜而归。

那么，具体来说，在价格谈判的过程中，我们该如何把握价格的波动问题呢？

1.要有两手准备，不要自断后路

除非你的产品是零售或目录价格，否则你都不要把价格说死。当对方对你的产品感兴趣了，直接询问价格时，你通常要准备两个价格。一个是有比较优势的价格，还有一个就是正式的报价，这一般要比公司规定的统一报价要低，但比公司规定的底限要高。如果你知道竞争对手的价格，那最好与其相当。这样，对方会觉得你比较有诚意，而且价格也合理，因为合理的利润才是保证优质服务的前提，切不可盲目低价。

2.不要给对方过多的想象空间

首先，与对方降价，次数不可过多。通常来说，降价次数不要超过2次。而且，在谈判前，你最好把可能在谈判中出现的价格异议设想好。你不妨告诉对方："我们是直接和厂家订购，省去了广告费、进场费用，所以给您的价格也是接近最低价了。"把这个道理告诉对方，让对方断掉继续和你讨价还价的空间。

其次，善用后台。你的主管或老板都是你可以借用的"黑脸"——不退让的后台，即使你可以做主让步，也要设计一个虚拟的后台，来帮助你扮演黑脸的角色。

最后，要善于利用资源营造自己是为对方着想氛围。比如，你可以以个人名义向对方赠送一些服务或礼品，让对方觉得你也是左右为难，已经尽力帮他在考虑获取最大的权益，相信对方也能够体谅。

总之，与客户进行价格谈判时，刚开始一定不要把价格定得太死，不管怎么样都要给接下来的谈价留下余地，否则谈判工作很难正常展开，更不要提有多大的利益空间了。

第16章　化解拒绝，如何让客户从说“不”到“是”

在销售过程中，我们会发现，当客户不愿购买的时候，他们总是有各种各样的理由，诸如“考虑看看”“和家人商量”“只认名牌”等。诚然，也许这是顾客拒绝的真实原因，但在大多数情况下，这只不过是顾客为了顾及销售人员的面子找的借口。聪明的销售员切不可被客户的理由所蒙蔽，也不可退缩和放弃，而应该冷静下来，积极寻找应对策略，努力化解顾客的拒绝，进而留住顾客的脚步！

客户直接否定产品的功效，说什么来改变其看法

任何客户在购买产品的时候，都希望产品能物美价廉且趋于完美。但作为销售人员，我们都清楚，没有任何一件产品是完美的。而正是因为这样，导致了很多客户在购买产品的时候，对产品百般挑剔，甚至在对产品的功效进行直接否定：“这件衣服的做工也太差了吧，这样的衣服你们也敢挂出来卖？！”“这冰箱怎么制冷效果这么差啊？”面对顾客的这种刁难，很多经验尚浅的销售员会变得支支吾吾、语无伦次，并作出顾客已经拒绝购买的判断。

其实，销售员完全没有必要紧张，因为顾客也深知世界上没有绝对完美的产品这一道理，只要我们能保持镇定，积极寻找应对的策略，然后耐心引导，突出产品的长处，以此来淡化产品的劣势。即便顾客直接指出产品的缺点，也不要慌张，要耐心向顾客解释，打消其心中的疑虑。

一位小姐来到某化妆品专柜购买化妆品。

顾客：“我可以试用一下这款眼影吗？”

销售员拿出试用装：“好的，您试试吧！”

顾客边试用边说：“这眼影怎么感觉就像次品啊。”

销售员：“谢谢您的建议，我们在生产技术上，一定会尽力提高的。您能否对我们产品提些具体的建议，比如，哪些方面不够档次呢？”

顾客：“它的颜色不均匀。”

看到顾客听得聚精会神，十分专注的样子，销售员说：“好的，谢谢您，那么，您觉得这款眼影还有其他的问题吗？”

顾客：“这个，我还是觉得颜色不太好啊。”说此话时，顾客的眼睛从没离开过产品，并且流露出喜欢的目光。

导购员：“小姐，实不相瞒，您看上的这款眼影现在就剩下一套了，厂家也不会生产了。如果不及时购买的话，恐怕就买不到了。”

顾客：“这倒是，那既然是最后一款，你们能不能给我打个折？”

导购员：“这请您放心，凡是来购买我们产品的，都有八折优惠。”

最终，这位顾客购买了这款眼影。

在这则案例中，我们可以看出，这位顾客是精明的，看上了产品却并没有表现出来。相反，她却产品不够档次，像次品，其实她挑剔产品，无非是希望销售人员能在价格上做一点让步。因为看出了客户的心理，销售员采取了聪明的策略：她首先肯定顾客所谓的“意见”，然后引导顾客说出具体的“不够档次”的表现，但实际上，销售员并没有直接回答顾客的问题，而是抓住顾客想购买的心理，以“限量生产”的说法来激发顾客的购买欲。最后，顾客终于说出自己的真是意图，而很明显，她的顾虑是多余的。

那么，具体来说，面对顾客否定产品的功效时，我们该如何处理呢？

1.以良好的服务态度来软化客户的心，使其改变看法

不管顾客出于什么目的而否定我们的产品，我们都不能与之争吵，因为争吵解决不了任何问题。不论争辩什么，都是得不到任何好处的。当客户直

否定我们的产品功效时，我们一定要先认同客户，安抚好客户的情绪。以友好的态度来对待顾客，营造出一种公平、愉快的氛围，让客户感觉到自己的感受受到了重视，此时，他就会愿意与销售员沟通，从而可能有更多的机会购买产品。

当然，避免发生争执，并不是说应该忍气吞声地放弃原则和利益，迁就客户的无理要求，事实上也根本用不着这样。

2.辨析顾客的真假异议

很多时候，客户称我们的产品功效差并不是真的有异议，而是希望得到优惠或者为了达到其他目的。此时，如果我们不能辨别出客户的真假异议，就会在与客户沟通的时候南辕北辙，达不到真正的沟通效果。当然，这需要销售人员运用敏锐的观察力，从而发现顾客的刁难是否是真实的异议。通过对顾客言行举止进行认真观察，来加深对客户的认识并把握交流方向，是很多优秀的销售员经常使用的一种方法。

另外，积极的询问也是找出客户刁难的真实原因的一大良方。多问一些“为什么”，让客户自己说出原因，这样更有助于我们更好地做好判断。

3.产品本身的确存在问题时，要尽力为顾客解决

当然，客户否定我们的产品功效，也可能的确是产品本身存在问题。此时，客户虽然指出了产品的确存在的某种劣势，我们也不要就让思绪跟着客户走，而应该继续强调产品的优势，并要学会扬长避短地回应顾客。

总之，无论顾客对产品存在什么样的顾虑，我们要加以重视，灵活应对，摸清顾客顾虑的原因并为顾客提供周到的服务，以此成功引导客户，使其心甘情愿购买产品！

客户称“想去别家看看”，如何挽留其脚步

俗话说“货比三家不吃亏”，任何一个客户都知道这个道理。因此，他们在挑选产品的时候，总是希望有更多的余地。而正是因为这一心理的存在，给销售人员带来很多困扰——无论怎么介绍产品，客户总是一副可买可不买的态度，然后对销售员说：“我想再去别家看看。”客户之所以会有这样的态度，无非有两个可能，一是因为你推荐的产品品种实在无法满足他的挑选要求；二是因为客户这种“货比三家不吃亏”的心理造成的。对此，导购员想要留住顾客，就需要掌握一定的沟通方法，以独特的卖点吸引顾客。

白领丽人林小姐这天下班后来到一家鞋店，在店内逛了一圈后，她摇了摇头，说：“哎，我还是去别家看看吧。”

站在她身旁的销售员立即说：“小姐，您先留步，请问小姐您是否觉得我们店的鞋子种类太少，您选择的余地不大？”

林小姐：“是啊，就这几款，顾客怎么选？”

销售员：“的确，您说的很有道理，开鞋店首先就要吸引客户的眼球，不过我们老板非常喜欢那些不落伍又不落俗套的经典款式。”

林小姐：“你这么一说，我还真发现，你们店的东西不一样。”

销售员：“是啊，产品贵在精而不在多嘛。我看您也是很注重品位的人。鞋子和时装不同，服饰容易过时，但鞋子只要搭配得好，总是能穿出永不过时的感觉。”

林小姐：“你这看法，我很同意。你看，我脚上这双短靴，别人都以为是新买的，实际上，两年前我就买了，只是我喜欢以不同的方式搭配，因此穿出来总是有不一样的感觉。”

销售员：“是啊，您再注意看一下我们店的鞋子，最大的优点就是容易搭配，而不是追求新奇！”

林小姐：“是的，那你觉得我适合什么样的鞋子呢？”

挑选了一会儿以后，销售员拿起一双低跟系带皮鞋说：“我看这双就不错，小姐身材很高挑，高跟鞋的高度不用太高，而且这双鞋正是走的复古文艺路线，更能体现出您的文艺美。”

林小姐：“是吗？我相信你的眼光，我去试试看。”

最后，林小姐兴高采烈地买了这双鞋。

在这则销售案例中，当顾客称自己要去“别家看看”时，销售员并没有放弃推销，而是主动承认了客户的想法——产品种类太少。接下来，她也并没有以“新货过两天就到了”“商品已经卖得差不多了”等借口推脱，而是承认客户的观点，然后再向顾客表明虽然种类少，但款式经典、有特色，进而让顾客有这样的感叹：“你这么一说，我还真发现，你们店的东西不一样。”接下来，她对客户的品位进行了一番夸赞，更是让顾客对自己产生了信任感，最终促成了交易。

那么，针对这种情况，我们该怎么应对呢？

1.先稳住顾客

当顾客说“我想再去别家看看”时，我们就要明白，这只不过是客户的一种托词而已，你不要认为客户还会再回来，因此你要做的就是先稳住顾客，不要让顾源流失。

而要想留住顾客，就要和案例中的销售员一样，用产品其他方面的卖点吸引住客户，进而转移话题。比如，你可以告诉客户：“我们店里的产品虽然种类不多，但都是经过精心挑选的款式经典又畅销的产品。”但是需要注意，导购员所说的话一定要与事实相符，如果店里的产品并非如此，导购员却硬说是这样，那么丢掉的可能就不仅是顾客，还有店铺的信誉了。

2.服务至上，让客户满意

现代社会，随着竞争的日益激烈，产品在质量与功能方面大同小异，人们在购买时逐步带有情感因素，更关注的是销售方的服务态度，谁的服务好，顾客就购买谁的产品。可见，销售员做好服务也是赢取顾客非常关键的一环。如果照顾得不周到很有可能让顾客感觉受到冷落，从而影响到成交量。

3.用特色跑赢对手

在追求时尚与个性的今天，人们也越来越注重产品的个性化。我们在购物的时候，也会不经意地发现那些面积小但却很有特色的店面。这些店铺虽然看起来不大，却往往内有乾坤。而如果这些店铺的导购不善言辞，顾客还是会觉得产品种类不足，故而“去别家看看”。

所以，当客户说想去别家看看时，你如果想留住顾客，就要让顾客感受到你的产品的特别或者具有某种特殊的含义，进而让顾客改变原有观点，用特色勾起顾客的兴趣和购买欲望，实现销售目的。

客户以“只认品牌产品”拒绝你，如何打消其这种想法

当今社会，随着人们生活水平的提高和商品选择愈加多样，人们的品牌意识越来越强，对品牌的热衷度越来越高，尤其是年轻的消费群体，更是将品牌定义为时尚和品位的表现，更有甚者，非品牌不购买。正因为如此，那些非品牌商家的销售难度无疑就会加大。我们经常会发现，任凭销售人员怎么介绍产品的优点，怎么劝客户购买，顾客还是会产生疑问：“我一向只买品牌产品，这种杂牌的产品没有保障，我可不敢买。”这类顾客常使得销售员陷入尴尬。面对顾客这种对品牌盲从的心理，有些经验尚浅的销售员会显得局促不安，并认为已经没有回旋的余地，只能放弃销售。而实际上，顾客信任品牌，是因为品牌能带给顾客一种安全感，所以，如果我们能够运用技巧消除顾客疑虑，继而让顾客选择购买产品也并非不可能。

一天，一位先生来到某家居建材商场的灯具店，看样子是要买灯。

销售员：“先生，你是想买灯吗？进来看看，款式多着呢！”

顾客：“这款挺漂亮的，是什么牌子的？”

销售员：“先生真有眼光，这是我们昨天刚进的货，是××牌的，它采用的是德国进口的工艺，最近我们这款产品卖得很火。”

顾客：“我没听说过这个牌子。”

销售员：“是的，可能您没听过这个牌子，这是因为我们的宣传力度还不够，真谢谢先生您的提醒。实际上，这个牌子已经上市七八年了，全国的大中城市都有我们的专卖店，不过本市只有我们一家。先生肯定知道××这个品牌吧，这两年，我们努力的目标就是要成为和××一样知名的品牌。”

顾客：“真是这样吗？”

销售员：“是的，我们品牌的设计理念就是生产安全、节能而且有品位的灯具，毕竟，产品功效如何也直接关乎到我们的销售量和信誉度，把产品做好是任何一个品牌形成的最根本原因。”

顾客：“这话倒不假。”

销售员：“您手上拿的这只是其中一款，您看看这边，还有一些设计新颖的款式……”

在这则案例中，我们发现，这位销售员是聪明的。当顾客提出“没听说过这个牌子”时，他并没有直接否认顾客的观点，说诸如“怎么会没听说过呢，我们可是全国知名品牌”“这个品牌推出好几年了，在这一行业很出名的”的话。因为这种解释未免显得很空洞无力，毫无说服力。同时，他也没有直接承认客户的观点：“我们这牌子现在正在多家媒体上打广告。”“不瞒您说是个新牌子，刚刚上市。”因为这样的回答无疑是验证了顾客的顾虑。这里，他先给自己的品牌找了个不为顾客知道的理由——“我们的宣传力度不够”，然后他将品牌的目标和发展趋势告知顾客，最后，他将产品的主要优势介绍给顾客。在一系列的分析后，顾客才打消了对这一陌生品牌的疑虑。

那么，针对客户只认牌子不认产品的情况，销售员该说些什么打消客户的这种想法呢?

1.劝客户试用，让产品效果说话

客户不相信非品牌的产品，是因为他们更相信品牌能带给他们安全感。为此，让顾客肯定你的产品，最有力的方法就是让顾客亲身体验，让产品效果说话，当顾客接受了这个新产品，也就会接受这个品牌。

2.将产品与客户信任的品牌进行对比

我们可以这样向客户提问："那么，您觉得哪个牌子的产品好呢? "当客户回答后，我们首先要认同客户的观点，然后再将自己品牌的产品和名牌产品进行比较。如果二者相同，则强调自己产品的优势；如果产品不一样，则强调产品的特性。

3.出示关于产品的最有利的证据

有些时候，如果我们的产品无法让客户试用或者为客户演示，我们不妨向顾客提供关于公司品牌的一些具有说服力的资料，或是承诺质量保证，或是证明公司优秀的经营管理和较强的进货能力，还可以向其介绍一些品牌的销售状况和品牌的发展前景等。

总之，当顾客只认品牌不认我们的产品时，我们就要从产品质量方面给予顾客保证，并强调产品的优势不仅在于产品本身，而且在价格方面也会让顾客感觉物超所值。同时，可以适时引导顾客体验产品，让他体验产品为其带来的好处，使顾客不知不觉地放弃对名牌产品的购买想法。

客户称要与家人商量时，你该如何开口

在销售过程中，不少销售人员遇到过这样的难题：我们满怀热情地为客户

介绍产品，客户对我们的产品也很满意，我们信心满满地以为客户会购买，但到关键时刻，客户却说：“我得回去问问家人，我做不了这个主。”这句话犹如一盆冷水，浇灭了销售人员的热情。一些销售员以为客户这样说就等于拒绝购买，于是他们放弃销售。而也有一些销售员，太过急功近利，听到客户这样说，为了挽回客户，他们回应：“这样的事情还要问家里人啊，自己决定就行了。”“不用商量了，这么超值的产品哪里还有啊？”但这两种回应方式，无疑都会赶走顾客。

其实，客户称自己要询问家人，在一般情况下，有两种可能：第一种正如他所说，他需要和家里人商量；第二种可能是，这只是一个借口，客户不好直接拒绝销售人员。通常来说，在是否购买上如此犹豫不定的客户，一般性格多优柔寡断，没有主见，极易受外界环境的影响。所以，销售员一定不要轻易让这类顾客走掉，而是抓住其性格特点，尽量说服其购买。

一天，某商场男表专柜来了一位女士，她告诉销售员，第二天就是他们夫妇的结婚纪念日了，所以她希望买一款男士机械表作为礼物送给丈夫。在看了几款产品后，她说：“我怕我爱人不喜欢，我还是回去和他商量一下吧。”

销售员：“是的，您有这种想法我可以理解，毕竟一块名表也不是小数目，想与丈夫商量一下也是正常的，但其实，您知道吗？作为丈夫，如果自己的妻子能记住结婚纪念日，并在当日给他一个惊喜，那他一定会更高兴。如果您与丈夫商量的话，这种神秘感就消失了。另外，今天刚好是我们十年店庆，会有返利活动，满一千就直降一百。这个活动仅限今天一天。而且，您也看到了，我们这里的表都只有一款，而且销量很好。这样好吗，我现在暂时给您保留起来，不过我真的不能保证这款表下午还在。所以，我真的希望您不要错过……”

顾客：“我看我还是先买了吧，万一下午过来的时候，其他顾客已经买走了，那不就可惜了……”

这名销售员之所以能说服顾客购买，是因为他既保持了良好的态度，又对顾客适当施压：如果顾客现在不购买，执意要回去与丈夫商量的话，不仅会失去给丈夫惊喜的机会，还可能会导致她中意的手表被其他客户买走，而且会错过店庆返利的优惠。综合考虑之下，顾客自然会暂时放下与丈夫商量的想法，从而选择购买。

那么，面对这种情况，导购员该如何处理呢？

1.认同顾客顾虑的合理性

和案例中的销售员一样，如果我们能认同顾客的顾虑，表达同理心，会让顾客觉得你是在为他考虑，就能争取到顾客的心理支持，继而会拉近和顾客间的距离。那么，即使顾客认为需要和家人商量，你也可以暂时把顾客留住，从而为我们接下来的说服工作奠定基础。

2.帮顾客认识到不与家人商量的好处

案例中的销售员很聪明，当顾客认为需要和丈夫商量时，他从“惊喜”这个角度劝说，让客户认识到与其与丈夫商量，还不如给丈夫一个惊喜。

让客户认识到不与家人商量的好处，我们可以挖掘产品背后的意义，你可以恭维一下顾客。比如，“其实，这不仅仅是一件产品，而是一种心意，是一种爱。不管它怎样，只要是你买的，你老公都会喜欢的。再说啦，如果他真有什么不满意的地方，只要不影响再次销售，我们特别允许您在三天内都可以拿回来调换，您看这样成吗？”

3.对顾客施以适当的压力，帮顾客做决定

如果顾客迟迟无法下定决心购买，销售员千万不要认为等待可以得到结果，因为顾客权衡不出答案也许就此放弃购买。所以很多时候顾客下决定时需要销售员的参与，这就需要销售员主动出击，对顾客适当施加压力，甚至帮助客户做决定，这一招通常很奏效。比如，你可以这样说：“我这里的这种产品只剩下最后一批了，而下次什么时候才能拿到这种货就说不定了”，或者说“这种产品现在特别缺货，我们公司已经不生产了”等等。如果顾客确实满意产品，一般来说，他们会立即做出购买决定。

另外，我们还可以掌握一些快速成交的方法：

（1）适当赞美顾客，鼓励顾客尽快成交。如：“您的眼光真好，您老公一定会喜欢的。”

（2）从众成交法，即用人们的从众心理来刺激顾客购买。如：“现在的小女孩都喜欢这样的款式，我相信您的女儿一定会喜欢的。”

当然，运用这一方法时，我们不可急功近利，要给顾客考虑的空间，适当的时候，也要退后一步，否则很容易令客户反感。

第17章 彻底打消客户的顾虑：把顾客的“担心”转化成购买的理由

我们发现，在现实的销售过程中，客户似乎对产品总是存在这样或那样的疑虑。你在向客户讲解具体的产品性能，客户却因为成见而不置可否；你向客户报出最实惠的价格，客户却以为你漫天要价；你真诚地对待客户，他却以为你包藏祸心，小心防备……这些疑虑正是阻碍成交的最大障碍，无形中给我们的销售工作带来难度。此时，我们要想成功推销，可以采取一些心理策略，逐步引导客户，使其向我们打开心结，揭开客户的真实意图，并做到有的放矢，并且针对客户不同的疑虑，采取不同的策略加以解决。

察言观色，发现客户顾虑并巧妙解决

在销售过程中，客户在销售员介绍产品后就达成购买意向，是每个销售员所希望达到的成果。但实际上，很多客户心存疑虑，使得销售活动加大难度，甚至让很多销售员望而却步，但这也考验了销售员的能力。如果销售员能做到察言观色，及时发现客户的顾虑并巧妙解决，最终就能达成购买协议。

一天上午，某汽车4S店来了一位打扮不入时的先生。店内的推销人员对这位先生上下打量了一番后，都没有主动上前为其服务。而销售员陈玲则不同，她走过去主动和客户打了招呼：“先生您好，我是这家4S店的销售员陈玲，很高兴为您服务。”为了不打扰顾客看车，做完自我介绍后，她就在一旁观看，并未出声。

就这样，这位先生一个人在店内转悠，一会儿说这辆车车价太高，一会儿又说那辆款式不漂亮。看到一旁的陈玲，他说：“我今天只是随便看看，没有带现金。”

“先生，没有问题的。我和您一样，有很多次也忘了带。谁也不会随身带着很多现金。您先看，有什么问题可以问我。”

“好的，谢谢你。”然后，陈玲观察到客户有种脱离困境、如释重负的感觉。陈玲想：他是真的没带钱，还是没有购买能力呢？针对这个问题，陈玲决定大胆地试探一下顾客。

“先生，您有中意的车吗？”

“那辆奥迪不错。”

“是的，您的眼光不错，这辆车最近卖得很好。”

“是吗？可是，能分期付款吗？”这下子，陈玲明白了，原来顾客是担心价格和付款方式。于是陈玲说：“当然可以，你现在就可以与我们签约。事实上，您不需要带一分钱，因为您的承诺比世界上所有的钱更能说明问题。”

等顾客签完协议后，陈玲再次强调说：“您给我的第一印象很好，我知道，您不会让我失望的。”

结果确实没令她失望，第二天，这位顾客就带了首付提走了那辆车。

在这则销售案例中，销售员陈玲之所以能轻松推销出去这辆车，是因为她和其他销售员不同，面对打扮不入时的客户，她还是愿意一试。并且，最可贵的是，她敢于主动试探顾客，从而让客户自己道出了购买的顾虑——希望分期付款。的确，客户购买能力的高低是决定客户能否完成购买的关键因素之一。如果客户没有经济实力，即使他们的需求再强烈，也不会购买。

当然，除了购买力之外，顾客的顾虑还有很多，比如：客户的需求、客户的信誉状况、支付方式等。那么，具体来说，我们该怎样发现顾客的问题，又该怎样通过提问获得答案呢？

1.善于观察客户的一举一动

在面对客户时，销售员要善于观察客户的一举一动，从中了解到客户的的身份、出价水平和购买商品的意向。通过对这些问题的分析，销售员能大致猜测出客户的顾虑。

2.积极地发问

在猜测到了客户的疑虑后，销售人员可以采取主动发问的方式来对问题进行确定，只有这样，才能抓住时机，步步深入，逐步打消客户的顾虑。

在初次沟通的时候，客户出于防备心理，会有意无意隐瞒一些信息，比如真实的需求、喜好、经济实力等，而这些信息都对我们接下来的销售工作起着至关重要的作用。所以，我们在提问时，一定要注意方式，最好委婉一些，尽量在悄声无息中了解，否则很容易引起客户的反感，从而丢失生意。

3.认同顾客顾虑的合理性

和案例中的销售员一样，如果我们能认同顾客的顾虑，表达同理心，会让顾客觉得你是在为他考虑，就能争取到顾客的心理支持，继而会拉近和顾客间的距离，为我们接下来的说服工作奠定基础。

总之，销售员在与客户沟通的时候，只要我们善于观察、巧妙探寻、积极提问，便能了解客户的某些隐秘信息和顾虑，但我们一定要注意自己的言行，太过直接、明朗会引起客户的负面情绪。

探问出客户表面疑虑后的真实意图

在销售过程中，客户对产品总是存在这样或那样的疑虑。客户存在疑虑，这无可置否，但若客户为了防备销售人员而掩盖自己的真实意图，就无形中给我们的销售工作带来难度。此时，我们要想成功推销，就必须要揭开客户的真实意图，只有这样，我们才能继续展开销售工作。

某化妆品店内来了一位年轻的小姐，她在店内转悠了半天，在一款化妆品面前停了下来，并试用了一些产品。

销售员：“小姐，这款化妆品是我们专卖店内目前销量最好的产品。您用起来感觉怎么样？”

客户：“是吗？我还是觉得不适合我的皮肤。”这位小姐一边说，一边看产品标签，完全没有了刚才试产品时的一脸笑容，而聪明的销售人员马上看出来了。

销售员：“小姐，这是我们今年限量款的主打产品，适合任何性质的皮肤，所以您可以放心使用，这也就是为什么我们的化妆品比其他产品稍微贵点的原因。”

客户：“的确，这套产品价格真的太贵了！”

销售员：“小姐，那您认为贵了多少钱呢？”

客户：“至少是贵了400元吧”

销售员：“小姐，那您觉得，如果选用我们的产品的话，您可以用多久呢？”

客户：“这个嘛，我比较省，怎么也要用半年吧”

销售员：“那么，您以前用的那种化妆品呢？”

客户：“原来那个两个月要买一套吧，因为效果不太明显。”

销售员：“这就对了，您看，原来那个牌子的化妆品是200元一套，可以用两三个月，我们按照三个月计算，您半年需要花400元。但是小姐，实不相瞒，我们这种化妆品如果您比较省，至少可以用一年，这是所有客户得出的经验，由于它包含的营养成分比较多，所以只要稍微用一点，就可以了。”

客户：“真的是这样的吗？”

销售员：“这是我们客户共同的见证。您看看我们的意见反馈表……”

客户：“这样啊，好，我相信其他女孩子的眼力……”

在这则案例中，这位化妆品销售员通过观察客户的动作，发现了客户拒绝购买可能是另有原因，于是她采取试探的方法，对客户说：“这也就是为什么我们的化妆品比其他产品稍微贵点的原因。”对于这一说法，客户立即表示赞同，也就是说，销售员的猜测是正确的。于是，销售员把工作重心放到了如何解决客户的价格疑虑上，从而达到了有的放矢地引导客户购买的目的。

实际上，客户的真实意图和借口是比较难区分的，因为他们之间不存在一个明确的界限，两者随时在发生变化的。销售员如果想有效地区分这两者，除了具备丰富的产品知识外，还要善于在销售中总结经验教训，提升自己的辨别能力。那么，我们如何能探出客户表面疑虑后的真实意图呢?

1.观察客户的非语言

人们对待他人的态度，在语言上可能有欺骗性，但在神态、表情和动作上是很难掩盖和隐藏的，所以销售员要善于观察和分析，然后准确地判断在顾客眼神眉宇间透露出的不同信息，就很容易分辨客户表达的异议是否真实了。比如，当客户说：“这件衣服是很早前流行的款式了，现在早过时了！”或者“这种照相机的功能我很喜欢，但是它的样子太丑了。”但眼神却始终不肯离开产品时，那么，这就表明他所说的并不是他的真正想法，而是借这种假象来取得销售员的让步。

2.看客户提出的意见与产品的关系是否密切

当销售员向客户介绍关于产品的某些情况时，客户却突然问起与这毫无关系的问题，这个问题多半是客户不想购买的借口。

销售员：“太太，我们的这种美容按摩器可以有效地促进面部的血液循环……您看过××明星为我们产品做的代言吗，其实××已经50多岁了，但看起来却像是30岁的人……”

客户：“广告都是经过后期制作的，你亲自在拍摄现场看到××？”

3.仔细观察客户听完异议解释后的态度

当销售员对客户提出的疑虑一一作答后，如果客户还表现出漫不经心的态度，甚至继续问一些不着边际的问题，那么，这说明销售员还没有找出他的真实意图。

在实际的销售中，客户很可能会隐藏自己的真实意图，甚至会表现出各种各样的借口，销售员在判断出真假异议之后，针对真的异议，要采用相应的心理引导技巧，帮助客户消除异议；而对假的异议，销售员就应该通过提问或旁敲侧击的方式来判断出客户的真实意思，从而更好地应对，做到有的放矢。

不给客户找借口的机会

面对销售员的推销，客户似乎总是有很多拒绝的理由。针对客户的这些借口，很多销售人员往往束手无策，最终也只能知难而退，放弃推销。其实，如果我们能主动采取一些措施，不给客户找借口的机会，是能帮助我们顺利度过这些销售的难关的。

发明家爱迪生在发明了电报机之后，想出售这项发明，以此来建造一个新的实验室，因为对当时的市场行情不了解，所以关于这台机器的价格，他并不清楚。于是，爱迪生便与夫人米娜商量，但米娜也和爱迪生一样，也不知道。

米娜说：“要不2万美元吧，不管怎么样，建造一个实验室，这可是最少的吧。”

爱迪生：“2万美元，会不会太多了？”

米娜说：“我看能行，要不这样也行，你在与购买者沟通的时候，先看看对方的口气，让对方开价，到时候看情况再说。”

爱迪生认为这种方法可以，便决定试试。

此时的爱迪生在美国已经小有名气了。美国一位商人知道了爱迪生要出售发明的产品后，马上联系了他。

在谈判中，自然涉及到价格，爱迪生采纳了爱人的意见，决定让商人先开价，自己沉默。

这位商人问了几次，爱迪生始终不好意思说出口，他想等他的爱人米娜下班回来后再说。但是，最后商人等不耐烦了，主动说："那10万，你看怎么样？"

听到这个价格，爱迪生简直不敢相信自己的耳朵，这比自己预期的贵出8万元，但是他依然没有表现出喜悦的心情，反而说希望等妻子回来商量再做决定。此时商人更等不及了，于是软磨硬泡，最终与爱迪生签订了合约。

后来，爱迪生对他妻子米娜开玩笑说："没想到晚说了一会儿就赚了 8 万美元。"

"此时无声胜有声"，沉默才能堵住客户的嘴，沉默可以给对方和自己都留余地，沉默甚至可以使局面发生翻天覆地的变化。

那么，究竟有哪些技巧可以不让客户找借口呢？

1.表明销售信心

有些客户直接跟你说"不要"，而没有其他的话加以润饰；也有些采用柔性的拒绝方式。

有时候，对客户百依百顺并不是什么好事，因为这会让客户感觉你的产品存在缺陷或者你的销售能力和专业水平不强。如果你态度强硬一点，学会向客户提要求的话，反而会赢得客户的感激。

在销售行业，那些销售冠军从来不会让自己被客户牵着鼻子走，相反，他们是销售的主人。可很多销售员却总是害怕自己被拒绝，于是对客户小心翼翼，生怕得罪客户毁了生意。实际上，这样做的效果并不是很好。而如果销售员愿冒着被拒绝的风险而直接提出要求，可能就是另外一种景象了。

那么，如何要求就成了销售员应该思考的问题。总的来说，销售员在要求的时候，要积极愉快、态度良好、懂得礼貌等，内容一般是要求资讯，要求安排见面，要求别人告诉你他犹豫不决的理由，以及了解客户的言外之意。最重要的是，你得要求客户下订单，请求客户作出购买决定。

2.在客户说“不”前，先说“是”

销售过程中，最具说服力的劝服技巧无非是让客户自己承认产品的优良、服务的到位等，让客户在拒绝之前先说“是”，能有效将客户的拒绝遏制住，当然，销售员在让客户肯定某些情况时，必须要对该情况有十足的把握，不能让客户抓住把柄。销售员懂得这一销售技巧后，可以顺利拿下很多订单。

销售行业，本来就是一个没有空间限定的行业，拿“心有多大，舞台就有多大”这句话来形容再恰当不过。只要你掌握销售的技巧，大胆地表现你的口才，就会获得佳绩。人们常说的销售口才，其含义并不是单指能言善辩，真正的销售口才是一种艺术，体现的是销售员的智慧和对语言的认知、把握能力。

销售人员还需要注意的是：

（1）要求的时候，不要忘了自己是销售员，而对方是客户的这一身份，不能语气过于强硬而伤害了客户的自尊。

（2）要有自信。那些能够发挥最大潜能的销售人员都是能克服恐惧、勇往直前，不畏惧失败与挫折的人，因为勇气和胆识是构成顶尖销售人员的基本特质。

巧用“最后时限”让客户就范

我们发现，在很多情况下，客户明明已经答应购买，也没有任何其他异议了，但就是不能成交，此时，我们不妨巧妙利用“最后时限”的技巧，以此加快交易的脚步。所谓“最后时限”，也就是要让交涉对方在最后时限内做抉择。其实，这个时候，你不必做干涉，而是要让对方自己产生一种心理认同感，让他自己得出结论，这往往比我们巧舌如簧的劝解更有效。而在此之前，我们需要做个心理引导，把对方的思路转换到预定的轨道上来，这样，引导的目的也就能顺理成章达到了。可见，在整个交涉过程中，掌握一定的心理策略，能让我们在销售过程中掌握大局，立于不败之地，

某个周五的下午，某部门主管代表公司与另外一公司同级领导讨论合作事宜，但是讨论了很久，都未能得出一个好的解决方案。这样讨论下去，只会耗费更多的时间，眼看就要到下班的时间了，这位主管发话了："今天大家的兴致都特别高，非常好，不过仍然没有一个比较满意的方案，要不这样吧，反正明天周末，我们加班，如果还是决定不了，星期六再接着讨论！各位觉得如何？"全场哗然。没过多久，新的方案就出来了。

为什么会出现这样的结果？因为忙碌了一周的员工都在期待着周末，没有谁希望自己的周末耗在无聊的办公室里，因此，大家只想快点结束会议。

当然，如果是销售中的谈判，就需要反过来处理，一定要撑到最后一秒钟。能在谈判中取胜的人往往就是能够顶住"最后期限"这个巨大压力的人。

在运用"最后时限"这一策略时，我们需要注意：

1.在成熟的条件下运用此策略

（1）处于一个强有力的优势地位

如果你能事先了解到，这笔交易的达成对于客户来说，显得尤为重要，或者其他竞争对手根本不具备你所代表的利益团体所拥有的条件，那么，你就占据了有利位置。如果要继续进行交易的话，对方只能找你。这是运用这一策略的基本条件。

（2）最后阶段才能使用

为了逼迫客户让步，己方可以发出最后通牒。因为在谈判的最后阶段，对方已在谈判中投入了大量的人力、物力、财力和时间成本，一旦拒绝你的要求，这些成本将付之东流，并且其谈判代表回去后还不好向企业交代。同时，越是到最后阶段，对方越是能认识到此次谈判可能给双方带来的巨大利益，当他们意识到只要在最后一两个问题上做出让步即可获得这些利益时，他们可能会接受你的最

后通牒。

（3）你的建议和交易条件在客户的接受范围之内

如果你提出的成交要求实在过分，那么，即使对方想成交，也是有心无力；如果你提出的要求在对方的最低目标之上，这时你发出最后通牒，不会引起强烈的对抗和反击，对方可能会表明不满态度，然后再接受你的要求。

（4）在能实现你最低目标的前提下

最低目标是你必须坚守的最后一道防线。如果对方提出的成交条件已经超出了你所能承受的底线，那么，谈判是否成功对你来说已毫无意义。

（5）试用其他方式无效

当谈判陷入僵局，对方给你施加太大的压力，你无计可施，即便妥协退让也无法满足对方的欲望时，最后通牒往往是最后一个可供选择的策略。若最后通牒也无法迫使对方让步，则只能接受谈判破裂的结局。

2.注意巧用最后时限的技巧

（1）“最后时限”最好由谈判队伍中身份最高的人来表述

发出最后通牒的人身份越高，其真实性也就越强，当然，改变的难度也就越大。

（2）“最后时限”的态度要强硬

语言要明确、毫不含糊，应讲清正反两方面的利害，不让对方存有任何幻想。同时，己方也要做好对方真的不让步而退出谈判的思想准备，以免到时惊慌失措。

（3）用谈判桌外的行动来配合己方的“最后时限”

发出“最后时限”后，再以实际行动表明己方已做好了谈判破裂的准备，如酒店结账，预定回程的车、购买机票船票等，从而进一步向对方表明自己的决心。

（4）实施“最后时限”前必须向更上级领导通报

你要让上级领导明白为何实施最后通牒，究竟是因为不得已，还是作为一种谈判策略，否则，上级很可能由于不明真实情况，而对实施最后通牒横加干涉，破坏己方的谈判策略和步骤。

总之，销售人员利用“最后时限”这一策略需要一定的条件和谈判技巧，既要让对方相信己方的“最后时限”是真实可信的，又要让对方无法还手，接受最后通牒的条件。

第18章　为销售加把火，攻克心理壁垒，最终实现成交

我们都知道，销售的最终目的是成交，因为能否成交以及成交价格直接与销售人员的业绩挂钩。成交是销售的最后一道关卡，这个阶段事关销售成败，因此更需要销售人员掌握技巧。当然，这需要销售人员从客户的语言、动作、表情等来把握和抓住成交信号，还需要我们给迟疑不定的客户一颗“定心丸”，不给客户找借口的机会，帮助客户做决定。只要做到这些，无论你手中有什么产品都不愁卖不出去，正如有人说的，没有卖不出去的产品，只有卖不出去产品的销售员！

识别客户发出的成交信号

生活中，每个人的性格不一，对于是否购买的问题，也并不是所有人都用语言来表达。此时，销售员就应该具备敏锐的观察力，从客户的表情中识别客户的真实想法。然而，很多经验不足的销售新人面对客户发出的成交信号，仍然不明就里，甚至会错意，导致了销售的失败。可见，对销售人员而言，如何第一时间识别顾客发出的成交信号，并在此类信号的基础上做出具体的引导策略，然后继续努力，把销售进程向成交的方向引导，是需要一定技巧的。

某网站负责人接待了客户代表，他们在接待室谈了两三个小时，在上网查关键词价格的时候，客户代表做的CE认证这个词被点击一次最高19块多，客户代表就问：“你们网站点一次怎么这么贵，要19块钱？”

19块，确实很高，一般的销售人员面对这样的质疑可能都不知所措了，但这

名网站负责人说："恭喜你呀，魏总。价格贵说明效果特别好啊。"然后他笑着问："魏总，你们这个行业是不是做一笔单子利润挺高的啊？"当时该客户也笑了。他们做一笔单子几万到几十万不等。

的确，当销售人员说到这里的时候，价格就不是问题了，而刚开始的反对也就是一种成交信号，而这种成交信号，需要销售人员懂得去识别。可能有的销售人员在听到客户说价格高时就退缩了，但只要我们善于化解这种成交中的小故障，是完全可以达成交易的。

对销售人员而言，第一时间识别顾客发出的成交信号，并加以引导，最终促成成交，是所有成功导购的"必杀技"。而一些经验欠丰富的导购人员，往往在顾客"暗送秋波"——发出成交信号时，不解风情，导致最终与成交擦肩而过。那如何成功识别顾客的"秋波"呢？

1.成交的语言信号

（1）对产品挑三拣四，总是认为产品有不如意的地方。事实上，这类客户并不是真的认为产品不好，而是希望可以通过提出意见来尽量为自己争取最大的利益，也就是人们常说的"挑剔是买家"。如果客户对你的产品丝毫无意见，那么，说明他们对产品根本就没兴趣。

（2）称赞其他售货方的产品。作为销售员，你要明白，客户并不是真正欣赏别人的产品，因为果真如此的话，客户就没必要与你费口舌而直接购买其他销售员的产品了。客户"违心"地称赞其他售货方的产品，也是为了能在购买中得到更多的"便宜"。

（3）询问价格上的优惠，比如产品有没有促销或者打折活动。因为人们总是希望能购买到物美价廉的产品。另外，还有些客户，希望通过加大订货量或者是团购的方式来获得价格上的优惠。所以，当客户在询问这点时，说明客户已经决定购买了。

（4）询问产品的售后、包养、维修、送货时间等问题。这也说明客户已经决定购买了，因为只有问清楚这些，才会有安全感。

（5）问付款方式，如定金还是全款，分期还是全额等。

（6）客户直接向销售员表达自己对产品的满意。

2.成交的动作信号

（1）由静变动。如果客户由刚开始的面无表情或者是抱胸等动作逐渐转变为四处看看，或者开始打量产品等，说明客户已经开始对产品产生了购买意向。

（2）客户的心情逐渐放松。一般在决定购买前，客户会在买与不买这一抉择上产生一种纠结的情绪，看起来很紧张。一旦顾客确定下来，一般就会如释重负，自然在行为动作上会表现出放松的状态。

（3）看顾客的双脚。通常，人们在撒谎的时候，其身体的某个部分会出卖他们，比如双脚。客户如果拿“离开”作为威胁条件使得销售员降价，但他的双脚根本没有离开的一点举动，那么，客户很明显是在撒谎，说明顾客还是在测商家的价格底线。这时候，谁能坚持到最后，谁就是赢家。

3.成交的表情信号

（1）客户盯住产品，不肯把视线从产品上移走。

（2）顾客由紧闭嘴唇到面部表情开始放松。

（3）表情由冷漠、怀疑、拒绝变为热情、亲切、轻松自然。

4.成交的进程信号

（1）转至更为严肃的交谈场所。这样做体现了客户对你们交谈内容的重视，比如：客户原本邀请你在公共区域，后转至会议室，这就表明客户开始有购买意向了。

（2）销售人员在订单上书写内容做成交付款动作时，顾客没有明显的拒绝和异议。

（3）向销售人员介绍真正的决策人，如主动向销售人员介绍“这是我们主管”“我们家的所有购买行为都是我太太做主”等。

当然，不同的客户在销售的不同阶段，所发出的成交信息也是不同的，但聪明的销售员会根据具体情况，仔细观察，不断揣摩与分析，成功识别出客户的成交信号，然后拿下订单。

销售人员在识别了顾客的成交信号后，还要注意以下事宜：

1.不要过于木讷，以至于客户对你发出了成交信号后，你仍然浑然不觉，导致了客户的流失。

2.要准确地识别客户的成交信号，要知道，错误的识别客户的信号和没有识别出信号是同样的效果，而且，这完全是在浪费客户和你自己的时间和精力。

3.要善于观察和分析，因为谁想购买产品，都不会直接说出来。

展现实力，用实力说服客户

每个客户都有一种心理，希望可以和实力雄厚的厂家或者销售员合作，仿佛这样产品的质量就有了保证，而且大多数人都喜欢与实力雄厚的人联系，其实也并非想从中得到任何好处，只是觉得认识了有实力的人面子上很好看。谈判中也是一样，如果你是很有实力的一方，对方就愿意与你沟通与合作。

很多时候谈判就是实力的较量，实力状态是谈判背景的重要组成部分。不言自明，实力强的一方在谈判桌上就会处于优势地位，因为谁都乐意与实力雄厚的对手合作。

杰克是一名去污剂销售员。

一天，他来到一家饭店推销产品，当他推门进去的时候，经理办公室已经有人在面谈了。杰克见此情景，对经理说自己也是去污剂推销员，他的产品也非常好。

接下来，杰克拿出一瓶油，倒了一点在地上，然后拿出他们的产品，用抹布沾了点，轻轻一擦，油渍马上就不见了。经理与刚开始进去的这位销售人员都感到十分惊奇。那位销售人员更是手足无措，不知如何是好。接下来，这位经理询问了杰克关于产品的情况，当即决定购买杰克的产品，并且，从此一直用杰克推销的这款去污剂。

这里，去污剂推销员杰克并没有用多么精彩的言辞去说服对方，而是就地展示自己的产品质量，就很快地说服了饭店经理改变初衷，转而订购他的产品。

谈判是一种实力的较量，这种实力既包括谈判场内的实力，更包括谈判场外的实力，需要场内与场外的技巧和方法相呼应和补充。这就是为什么在很多的商业谈判中，谈判人员都会采取让对方去自己的公司或是厂房实地考察的原因。一是为了表明自己的诚意，但更重要的是为了显示其实力。

在销售中也是这样，从客户心理角度看，与有实力的人合作，更保险、更有保障。掌握客户的这一心理，在谈判桌上，销售员就一定要让客户感受到这种实力。而强大的谈判实力不是天生的，需要付出相应的努力或者代价才能获得，而谈判之前的充分的准备工作是在谈判桌上能够体现谈判实力所必不可少的。此外，使用实力对抗法的谈判策略，还需要时刻注意分寸，既要用己方的强大实力与对手对抗，又不要因此而损害谈判各方的人际关系，要以理服人而不是专横霸道，否则实力对抗的谈判策略也会给谈判者带来不良的后果。那么，在销售谈判中，销售员如何展示自己的实力呢？

1.要有自信

自信是实力的最好的体现，一个相信自己、相信自己产品的人总是神采飞扬、说话掷地有声，能简洁明快、顺畅自然、恰到好处地把自己的观点表达给对方。对方听到这样的话语，往往也会有美的感受，并激起自己的兴趣。在谈判中，销售员要记住以下说话注意事项。

（1）声音响亮、语调自信，这样你就能够感染别人。

（2）吐字清晰、层次分明，这样才能让对方知道你想表达的意思，有谁愿意持续听一些听不懂的话呢？

（3）说话的节奏要恰到好处，抑扬顿挫，速度与语调要配合恰当。

（4）声音大小适中。声音太大，容易让人烦躁；声音太小，不仅对方听不见，而且是没有自信的表现，引不起对方的兴趣。

（5）要注意停顿。一句话不能说得太长，也不能说得太短。适当的停顿，不仅可以调整自己的思维，而且可以引起对方的注意。在停顿的间隙，你还可以观察对方的反应。

只要与人打交道，就需要你充满自信去面对他人。需要你从心理、着装、话语等方面去透露自己的自信。在谈判桌上，销售人员会遇到形形色色的人，只要你满怀信心去与他们谈判，就会赢得对方的信任与欣赏。要想成功，销售人员就要相信自己的实力和能力，相信自己能够说服对方，信心百倍地面对对手。

2.用产品质量说话

任何产品想要在市场上站住脚，质量是硬道理。销售员在成交过程中，适时地展示产品的质量和功效，有时候比过多的言语更有效果。

洞悉成交前不同客户的不同心理状况

作为销售人员，我们都必须承认一点，只要尚未签单，就还存在着很多不确定的因素。客户往往考虑很多其他原因，而迟迟不肯签单，这直接影响了交易的顺利进行。而此时，很多销售人员就会手忙脚乱，不知如何是好，其实，销售员只要提前了解客户拒绝成交的心理因素，就能保证不在销售中自乱阵脚。

青青是上海某房产中介的业务员，因为她聪明伶俐、沟通能力好，业绩一直很好。但是最近，她遇到了一位客户，对楼盘比较满意，却迟迟没有决定购买。一个月后，青青再次邀约这位客户。

青青：“张先生，我看您对那套三居室挺满意的，不知道，您今天能和我们签约吗？”

客户：“是挺好的，但是两个卫生间并不是都可以洗澡，这和我想象的不一样。”

青青：“真是对不起，可能是我们在介绍的时候让你产生误会了。其实，小的那个卫生间也能洗澡，只要再安装一个淋浴头或是澡盆就行了。开发商想让客户自主决定，所以并没有安装。”

客户：“我想再考虑考虑，城北那边有几个楼盘也很好。”

青青：“好的楼盘很多，但是像我们公司这样的楼盘并不多，您也是知道的，我们公司一向以诚信为主，给客户承诺的绿地面积和中心花园，绝对不会被占用。恐怕没有哪家房地产公司有我们这么诚信，您说呢？”

客户：“对，但是现在楼市低迷，行业不景气啊！等过一阵子好一点再买。”

青青：“过一阵子行业景气了，价格就没这么便宜了。再说投资领域里有一条投资原则就是，‘当别人卖出时买进，当别人买进时卖出’。今天大部分有财富的人都是在不景气的时代奠定了成功的基石，对于他们来说长期的利益远胜于短期的挑战，所以他们愿意做出决定。相信张先生您也会做出决定，对吧？”

我们不难看出，青青的客户张先生迟迟不肯签约的原因是，他还在观望，希望可以买到更好的房子，而聪明的青青看出来了，打消了客户的这些想法。很明显，客户已经被她说服。

那么影响客户成交的心理因素都有哪些呢？销售员又该如何应对和预防呢？

1.客户希望购买到完美无瑕的产品

每个人都希望能买到称心如意的产品，但是这种期望往往会超出产品本身的真实价值。因为，根本就不存在完美无缺的产品。而且，一分钱一分货，一定的价钱只能购买到一定的产品。比如，人们买手机时，都希望所选购的手机能具备市场上所有手机的优势，像拍照、音乐、导航、上网等。但是，即使功能再多，也难以完全符合心意，所以这种期望和产品本身之间是很矛盾的。

在谈判中如果客户较高的期望不能被满足，就会感到很失望，认为自己没有得到应得的利益，从而开始重新考虑购买及决策。

要避免这种情况发生，销售员在介绍产品时就要秉持实事求是的态度，保证让客户对产品本身有一个清晰、正确的认识，打消客户过高的期望，例如让客户亲自试用产品等。

2.客户认为其他家的更好

在销售过程中出现“撬单”的事情也很常见。即使销售员已经和客户洽谈到签约的事宜，如果出现有威胁的竞争对手，这笔生意也很有可能告吹。

针对这一点，销售员需要时刻注意竞争对手的情况，包括他们同合作客户之间的往来动向、进展程度等。这样才能预防被撬单的情况发生，从而保证销售工作顺利进行。

3.客户有观望心理

客户存在观望心理，原因也有很多，比如他们在等价格下跌，迫使销售员做出让步，或是等待竞争对手送来更优惠的价目表。无论什么情况，对销售员来说，都是十分不利的。此时销售员要主动出击，因为观望中的客户已经掌握了该产品的行业价格情况，在与其他销售公司交涉的时候，他们就拥有了更大的主动权。如果销售员坐以待毙，被动接受客户的拖延策略，就很可能失败。销售员可以在准许的范围内尽可能地满足客户，先得到客户的信任，留住客户的心，一步步地打消客户观望的心理，例如，告诉客户价格优惠将要截至，向客户出示产品的质量认证和权威认证等，坚定客户的成交决心。

当然，影响客户成交的心理因素还有许多，但是无论是什么因素，只要我们按照一定策略进行应对，那么当阻碍产生的时候，我们就能在第一时间解决它，从而保证交易的顺利进行。

化解成交前来自客户的各种销售困难

一般在提议成交之后，会有客户做出拖延购买的决定，因为所有的客户都知道这些技巧。他们会常常说出“我会考虑一下”“我们要搁置一下”“让我想一想”等诸如此类的话语，这就使销售进展遇到困难。如果困难不能顺利解决，则意味着前期的销售工作前功尽弃。其实，客户之所以迟迟不肯成交，总是有一些心理成因的，只要我们运用一些销售技巧，加以观察和理解，找到顾客的拒绝理由，然后加以引导，就能逐步解决。下面是一位销售人员的一点销售经验：

“我是一位金银首饰店的销售人员。一次，我接待了一位客户，她说她要购买耳环，我给她介绍了一款，她倒是十分喜欢，但是她还想再到别处去逛逛，说要考虑一下。当时店里正好有促销活动，买到一定数额就有精美礼品赠送，于是我就给她介绍，让她先看看赠品，果然看了之后，她非常喜欢一款毛衣挂件，但是她还是抑制住了自己的喜悦，说先看看再说。于是我劝她，这是我店里的一个促销活动，礼品有限，送完为止，如有喜欢的，最好还是尽快买下来吧，不然过了这个村可就没这个店了。在几分钟的沉寂之后，她还是决定买下来了……”

案例中的这位销售人员的引导技巧值得我们学习，他在成交过程中遇到的问题，几乎每位销售者都会遇到。但无论客户提出什么反对意见，我们都要保持耐心，然后找出客户不肯成交的理由，逐一化解之后，是能劝服其成功购买的。

化解销售中遇到的困难，需要销售员在即将成交时对症下药进行引导，为此，我们要做到以下几点：

1.客户耐性太好，始终不肯成交

面对这种情况，销售员就更要和客户比耐性，谁能坚持，谁的心理素质好，谁就能取得最后的胜利。销售员要明白的是，没有一个客户能不明情况就购买某件产品，为了保证自己能买到放心的产品，他们一般都会拒绝，然后任由销售员来劝服自己，从而证明产品物有所值。如果顾客一拒绝，销售员就撤退，顾客对销售员也不会留下什么印象。所以在成交的过程中，销售员更是要坚持到底，因为成交是决定销售成败的最终标准。

2. 客户对促销产品心存疑虑

很多商家为了吸引客户，会采取促销的方式，这样做不免会引起客户对产品质量的质疑：是不是产品存在问题，所以在降价呢？在这种情况下，销售员一定要做好引导和解释工作，让客户知道促销的原因，比如，你可以告诉客户："正是因为质量好，商场盈利大，才降价回馈客户，这也是薄利多销。"在整个引导的过程中，所有的行动都是你安排的，但在顾客看来却认为是自己占了便宜。

3.客户满意产品，却又迟迟不肯成交

有这样一些客户，他们对某件产品很感兴趣，但因为一些其他原因，比如暂时不需要或者认为可买可不买，他们会采取观望的态度，迟迟不肯成交。对于这种情况，销售员要主动采取措施，比如加压。当然，这不是强迫，而是一种心理策略，使顾客无形中感到一种压力，让他们主动提出成交决定。

当然，这也不失为一种冒险的措施，因此，销售员一定要做好准备，同时要有良好的应变能力，否则，很容易弄巧成拙，激怒客户。销售人员还需要注意以下几点：

（1）越是在成交将近时，越是不能心浮气躁、急于求成，否则很容易前功尽弃。

（2）如果客户在最后关头仍然刁难你，你也要理解，毕竟这是一场"较量"的最后关头。

（3）将服务进行到底，不要因为客户即将签约而放弃或者松懈对客户的服务意识。

一个销售员拥有一副好口才固然重要，但更要善于运用心理技巧，这无疑是为自己的销售事业添砖加瓦！

适时强势点，帮客户拿主意

在销售的成交阶段，不少销售人员会发现，我们越是以正面的、积极的方式去劝服一个人接受一件事时，结果只会招致其反感，而如果我们能主动、大胆地为客户做决定，客户反倒会被我们的信心折服、减少不安感，最终爽快签约。因此，在销售过程中，适时帮客户拿主意也是一种极佳的引导策略。

理查德是一个教育书籍推销员，他的销售记录一直是该行业销售员中的第一，他有自己独特的成交秘笈。

有一次，当有位女士表示对他的商品没有兴趣后，理查德一言不发地站在原地，一脸不敢置信的表情。接着他说：“乔治太太，你的意思是不帮孩子买这些书籍！你知不知道自己在做些什么？你准备袖手旁观，任由孩子去独自面对未来的竞争！你这样做等于让孩子丧失竞争的能力。你只不过一天投资几块钱，就可以为孩子提供更好的教育机会，而你竟然不愿意，宁可让他们自求多福！”

“我不相信你会这么做，乔治太太。只不过在一个月中，一天只花几块钱，你的孩子就可以大大扩展知识面。我相信你愿意投资这些钱，让自己的孩子有个好的开始。”

经过理查德的这种强硬说服，乔治太太最后接受了他的建议。

面对犹豫的客户，理查德显然冒了一次险。虽然他的语气比较强硬甚至略微带有责备的意思，但句句在理，所以客户绝不会为此而动怒，反而会感激理查德的提醒，最终接纳了理查德的引导，决定购买。

可见，在销售中，当客户犹疑不决的时候，销售员一定要及时采取措施，甚至不妨冒险一下。

那么，我们该怎样帮助客户做决定呢？

1.不妨语气强硬些

范例中的理查德运用的就是这一方法。有时对待无限拖延的客户也可以用此招，面对这种状况，我们要学着扑克牌高手说：“先生，请摊牌。”

马克也经常采用这种销售技巧。

“碰到棘手的交易时，”他说，“业务员必须建立自己的权威，而不是将顾客当作权威。”有一次，马克遇到的客户是一家小型5人公司，正需要会计系统。

马克说：“一天，我们将这5个人全请到公司，解释我方提供的解决方案。他们很认真，评估了市面上所有的会计系统。1.5万美元的交易，讨论了好几个小时还是无法定案。最后我将机器关掉，把钥匙放入口袋。我说再不定案，请你们都回去。这5个人突然像被驯服了的小猫，乖乖签下了合约。”

使用此法时应谨慎，而且运用技巧必须非常娴熟，并且要根据客户的具体个性特征与接受能力，掌握好用词的度，否则只会适得其反。

2.暗示法

在现代心理学中，暗示是经常被运用到的一种心理技巧。暗示法就是通过暗示别人的看法，来坚定顾客自己的判断。在销售中，我们也可以通过暗示法来帮客户拿主意，比如：“这套衣服多显档次啊，您送给太太，她一定会很高兴的。”

当然，还有许多促进成交的方法，在实际的促销过程中需要根据不同的顾客，采用不同的促进成交策略。

总之，只要善于观察和总结，每个人都能够成为销售高手。所有的营销理论与技巧，无非都是来源于日常生活，同时服务于日常生活。但使用这些技巧帮助客户做出决定的时候，我们还要注意：

（1）与客户交谈的语气一定要把握好度，要技巧娴熟；

（2）有些客户并不喜欢别人给自己做决定，销售人员要善于观察，对于这种客户，要循循善诱。

总之，在销售的过程中，作为销售人员，我们有时候不必对客户言听计从，当客户迟迟不肯成交时，不妨采取一些心理策略，帮助客户迅速做出成交决定，缩短销售时间，同时也能提升销售效率。

参考文献

[1] 南勇.销售如何说，顾客才会听；销售如何做，顾客才会买[M].长沙：湖南人民出版社，2014.

[2] 金文.把任何东西卖给任何人 [M].济南：山东文艺出版社，2016.

[3] 蔡富强.把话说到客户心里去[M].南昌：百花洲文艺出版社，2013.

[4] 吴建华.超级销售技巧[M].北京：中国纺织出版社，2010.

[5] 宫辉.销售口才实战技巧全集[M].北京：中国纺织出版社，2015.